教育部人文社会科学研究项目（20YJC890042）
教育部人文社会科学研究项目（23YJC890054）
沧州师范学院科研创新团队资助项目
沧州师范学院重点学科建设成果
沧州师范学院博士科研启动经费资助项目

我国优秀女子空手道组手运动员体能评价体系构建研究

张　楠　著

北京体育大学出版社

策划编辑：李志诚　潘　帅
责任编辑：李志诚
责任校对：仝杨杨
版式设计：小　小

图书在版编目（CIP）数据

我国优秀女子空手道组手运动员体能评价体系构建研
究／张楠著．－－北京：北京体育大学出版社，2023.9
　ISBN 978－7－5644－3892－0

Ⅰ．①我…　Ⅱ．①张…　Ⅲ．①空手道—女子项目—优
秀运动员—体能—评价—研究—中国　Ⅳ．①G886.5

中国国家版本馆 CIP 数据核字（2023）第 174948 号

我国优秀女子空手道组手运动员体能评价体系构建研究　　　　　　　张　楠　著
WOGUO YOUXIU NVZI KONGSHOUDAO ZUSHOU YUNDONGYUAN TINENG PINGJIA TIXI GOUJIAN YANJIU

出版发行：北京体育大学出版社
地　　址：北京市海淀区农大南路 1 号院 2 号楼 2 层办公 B－212
邮　　编：100084
网　　址：http://cbs.bsu.edu.cn
发 行 部：010－62989320
邮 购 部：北京体育大学出版社读者服务部 010－62989432
印　　刷：北京建宏印刷有限公司
开　　本：710mm×1000mm　1/16
成品尺寸：170mm×240mm
印　　张：8
字　　数：150 千字
版　　次：2023 年 9 月第 1 版
印　　次：2023 年 9 月第 1 次印刷
定　　价：58.00 元

前言

空手道是东京奥运会比赛项目，也是世锦赛、亚运会和中国全运会比赛项目。我国于 2007 年正式组建空手道国家队，经过十几年的不懈努力，先后取得世锦赛、亚运会等国际赛事金牌，并在 2020 年东京奥运会中分别获得女子组手 –61kg 银牌和女子组手 +61kg 铜牌，培养了李红、尹笑言、龚莉等一批世界级空手道运动员，为我国竞技体育事业的发展做出了贡献。

空手道是 2020 年东京奥运会的新增正式比赛项目，设组手（对抗）和型（套路）共计 8 小项。其中，组手是由 2 名同性别、同级别的运动员，在 8m×8m 的比赛场地上，采用拳法、腿法、摔法等技术击打对方有效部位得分进而获取比赛胜利的格斗对抗类项目。型则是个人或团体（由 3 名运动员组成）在正方形场地上，按照预先编排好的攻防动作组合，在模拟格斗情景下进行招式演练，根据裁判员评分角逐比赛优胜的难美类项目。2017 年，国家体育总局将空手道项目列入全运会正式比赛项目，于 2019 年 3 月新增了空手道项目《运动员技术等级标准》，空手道在国内得到快速发展。尽管如此，从当前世界空手道竞技格局来看，我国空手道竞技实力与日本、法国、意大利等空手道强国相比，仍存在差距。

从项群训练理论来讲，空手道组手属于技能主导格斗对抗类项目。随着世界空手道竞技水平的不断提高，体能逐渐成为影响精英空手道运动员竞技水平的关键因素。从现有研究来看，国内有关空手道项目体能的研究非常少，大量研究集中在技战术领域，多以描述性和比较性研究为主，缺乏实证性研究。因此，本研究在充分论证空手道项目体能特征的基础之上，采用文献资料法、专家访谈法、问卷调查法、德尔菲法等研究方法筛选我国优秀女子空手道组手运动员体能评价指标，构建我国优秀女子空手道组手运动员体能评价体系，以期为我国空手道专项训练提供理论依据，真正解决运动训练中"练什么、练多少、怎么练"的问题。

本书包括绪言、文献综述、研究对象与研究方法、结果与分析、结论与建议5个部分。其中，绪言部分阐述了本研究的研究背景，选题依据，研究目的、意义与任务，研究主要内容、难点与创新；文献综述部分主要对国内外有关空手道项目体能特征的研究成果进行梳理和总结；研究对象与研究方法部分阐述了本研究的研究对象、研究方法和研究技术路线图；结果与分析部分主要阐述了空手道组手运动员体能特征的理论基础，提出了我国优秀女子空手道组手运动员体能评价指标、权重和标准；结论与建议部分对本研究结果进行总结，并指出了研究的不足与今后的研究方向。

在撰写本书的过程中，北京体育大学的刘卫军教授、沈萌芽教授、樊庆敏教授、卢秀栋教授、徐刚教授、杨斌胜教授、张辉教授等给予了很多宝贵的意见，笔者对此表示衷心的感谢！

受笔者能力和时间所限，书中若存在不足之处，望各位读者批评指正。

目录

1 绪言

1.1 研究背景

世界空手道联合会（World Karate Federation，WKF）在 1993 年改组后，多次向国际奥委会申请将空手道作为奥运会新增项目。2016 年 8 月 4 日，空手道与棒垒球、滑板、冲浪、竞技攀岩等 5 个项目，成为 2020 年东京奥运会的正式比赛项目。为了更好地备战东京奥运会，推动我国空手道竞技水平的提高，国家体育总局于 2017 年 7 月 25 日决定第十三届全国运动会（以下简称全运会）增设空手道大项，设 8 个小项，与东京奥运会比赛级别设置相同。至此，空手道项目在我国进入了一个新的发展时期。2018 年布宜诺斯艾利斯举办的第三届夏季青奥会（青年奥林匹克运动会）在既定的 28 个比赛项目中增设空手道项目，标志着空手道正式进入奥林匹克赛场。

东京奥运会空手道设立 8 个比赛项目。其中，型设立男女各 1 项，组手设立男女各 3 项。空手道属于奥运会新增项目，同时具备众多奖牌争夺点，其竞争必将十分激烈。日本作为 2020 年东京奥运会东道主，加上其在空手道项目上多年的传统优势，使我国在该项目上的夺金面临巨大的挑战。另外，以法国为代表的欧洲强国在空手道项目上同样具备强劲的夺金实力。从近年来空手道世锦赛举办的情况可以看出，空手道项目的国际化发展程度逐步提高，参赛国家（地区）数和人数逐渐增加，参赛运动员水平日趋接近，竞争呈现白热化状态，我国空手道整体水平与日本、法国等空手道强国存在一定的差距。因此，我国迫切需要尽快培养一支高水平空手道队伍，以实现我国在奥运会空手道项目上夺取奖牌的目标。

我国自 2007 年正式建立空手道国家队以来，取得了一系列优异成绩，培养出一批优秀空手道运动员，特别是我国女子运动员李红，先后获得 2010 年亚运会冠军和世锦赛冠军，为我国空手道项目的发展做出突出贡献。尽管我国空手道项目在十多年以来的发展历程中取得了突出的成绩，但是由于起步较晚，我国空手道整体水平仍与日本、法国等空手道强国存在一定的差距。基于以上现实，教练员和科研人员必须全面认识空手道项目的本质特征，不断提高科学化训练水平，只有这样才能适应和推动我国空手道项目的快速、持续发展。

1.2 选题依据

1.2.1 体能是空手道组手运动员竞技能力的重要组成部分

从项群训练理论来讲，空手道组手属于技能主导格斗对抗类项目，其竞技能力构成要素包括体能、技战术能力和心理智能。体能在该项群竞技能力中占有重要地位，是技战术能力和心理智能稳定发挥的基础。虽然空手道组手属于技能主导格斗对抗类项目，但是随着比赛激烈程度的增加，体能的重要作用日益突出，甚至具有与技战术能力同等重要的作用。体能、技战术能力和心理智能之间不是独立存在的，而是相互联系、相辅相成的。良好的体能不仅使运动员能承受大负荷训练和高强度比赛，更是完成高质量技战术及提高运动成绩的基础。另外，良好的体能还能预防不必要的运动损伤，延长运动寿命。通过对国内部分空手道教练员访谈得知，虽然空手道组手属于技能主导格斗对抗类项目，但是体能与技战术能力在平时训练安排中同等重要，可见体能对一名空手道组手运动员的重要作用。因此，具备良好的体能是成为一名优秀空手道组手运动员的先决条件。

1.2.2 体能在空手道组手比赛中的地位日趋重要

空手道组手比赛是一项按照性别、体重级别进行划分，在规定的时间和空间内，运用拳、腿、摔等技术同场对抗，抑制对手取胜的打点计分项目。从技术体系上来看，它包括拳法、腿法和摔法三大类，技法非常全面。空手道组手技术动作具有速度快、幅度大、连续性强、难度高、变化多样等特点，尤其是组手竞赛规则中的"寸止原则"更是将运动员的爆发力、速度、灵敏、协调等素质与精准的肢体控制能力紧密结合在一起，需要运动员运动素质的全面发展。另外，空手道组手按照项目的动作结构分类属于多元动作结构中的变异组合，比赛强度高、节奏快、对抗激烈，每场比赛限一回合，同一个级别的比赛必须在一天以内全部完成。这就要求运动员具备充沛的体力、快速的恢复能力和长时间应对比赛的能力。这都与运动员良好的体能储备密切相关。空手道成为奥运会正式比赛项目以后，世界各国对该项目的重视程度和投入日益增加，促使空手道组手运动员竞技水平得到普遍提高，运动员技战术水平日趋接近，在比赛中绝对获胜的机会减少，相持的比例增加。因此，体能在空手道组手比赛中的地位日趋重要。

1.2.3 为运动员体能训练过程监控与评估提供理论参考

目前，世界上几乎所有体育强国都认为运动员的科学选材是取得优异运动成绩、夺取冠军的重要因素。乌尔莫教授认为，培养世界优秀运动员，必须具备3个条件，即高水平科学训练、良好的训练环境和运动员优越的天赋条件。可见，科学选材在整个运动训练体系中的重要地位。本研究通过德尔菲法选择具有较高代表性的体能指标，并对我国优秀女子空手道组手运动员进行体能测试，发现优秀女子空手道组手运动员在身体形态、生理机能和运动素质3个方面的突出特征，并构建优秀女子空手道组手运动员体能评价体系，为我国广大空手道教练员挑选先天性竞技能力高、后天可塑性强的优秀运动员苗子提供一定的理论借鉴，从而提高运动员的成才率。

另外，通过筛选典型指标、确定指标权重构建的我国优秀女子空手道组手运动员体能评价体系在一定程度上可以全面、客观地反映运动员在某一阶段的体能状况，并且可以通过百分位数法换算成具体分值，对运动员整体或单项体能状况进行直观、具体的呈现。因此，我国优秀女子空手道组手运动员体能评价体系的构建有利于教练员或科研人员了解运动员当前体能水平，及时调整训练内容，制订科学的训练计划，为运动员体能训练过程监控与评估提供理论参考。

1.2.4 促进我国空手道项目科研水平的提高

空手道项目在世界范围内普及广泛。国家体育总局在 2007 年将空手道项目设立为试行开展的体育项目并将其列入国家体育总局计划赛事序列，正式成立了空手道国家队。但是，相对日本、法国等国家而言，我国空手道项目开展较晚，加之空手道在东京奥运会之前属于非奥运项目，造成我国对空手道项目的投入与重视程度不足，以及科研水平滞后的现象。从近十年来我国对空手道项目的研究现状来看，多数研究仅停留在现状调查与可行性分析方面的研究上，对运动员体能方面的研究较少。本研究通过对我国优秀女子空手道组手运动员体能特征进行探究，构建我国优秀女子空手道组手运动员体能评价体系，既可为教练员选材及训练提供理论参考，又可在一定程度上促进我国空手道项目科研水平的提高。

1.3 研究目的、意义与任务

1.3.1 研究目的

随着空手道项目的快速发展，我们需要结合我国备战奥运会的战略目标，科学地提高空手道训练水平，把握空手道组手项目制胜规律，尽快建立一支高水平的空手道队伍。因此，本研究以我国优秀女子空手道组手运动员体能特征为研究对象，在充分调研的基础上，分析优秀女子空手道组手运动员体能特征，构建优秀女子空手道组手运动员体能评价体系，以期为今后我国优秀女子空手道组手运动员体能训练的监控与评估提供一定的理论参考。

1.3.2 研究意义

我国优秀女子空手道组手运动员体能特征的研究意义如下：

（1）客观、全面地概括我国优秀女子空手道组手运动员体能特征，认清空手道组手项目的特征及制胜规律。

（2）通过对我国优秀女子空手道组手运动员体能特征进行概括、总结，为今后挑选适合从事该项目的优秀运动员苗子提供一定的理论参考。

（3）构建优秀女子空手道组手运动员体能评价体系，为今后进行科学的训练监控与运动员诊断、评估提供一定的参考依据。

1.3.3 研究任务

我国优秀女子空手道组手运动员体能特征的研究任务如下：

（1）通过对我国优秀女子空手道组手运动员的身体形态、生理机能和运动素质等指标进行测试，归纳优秀女子空手道组手运动员体能特征。

（2）以优秀女子空手道组手运动员体能测试结果为基础，结合专家意见和问卷调查结果，筛选出反映专项特点的典型指标，确定指标权重，建立评价标准，完成对我国优秀女子空手道组手运动员体能评价体系的构建。

1.4 研究主要内容、难点与创新

1.4.1 研究主要内容

（1）以运动训练学理论与空手道专项训练理论为基础，对空手道组手运动员体能的概念、构成要素进行理论研究。同时，对空手道组手项目特征及竞赛规则进行深入的分析，为后文关于体能评价的研究提供理论基础。

（2）通过将优秀组与一般组以及不同体重级别的女子空手道组手运动员体能测试结果进行比较分析，发现优秀女子空手道组手运动员体能特征以及不同级别之间的变化趋势。

（3）通过文献查阅、问卷调查以及统计学优化等方法筛选典型指标，确定指标权重，建立我国优秀女子空手道组手运动员体能评价标准，并对评价标准进行回代检验和个案分析。

1.4.2 研究难点

（1）空手道项目在我国开展较晚，国内可供查阅的相关资料较少，且多数研究停留在描述性研究上，实证性研究较为匮乏，本研究在寻求理论支撑上有一定困难。

（2）优秀女子空手道组手运动员体能测试指标涉及身体形态、生理机能和运动素质3个方面，测试指标较多，涉及多学科交叉，在测试的操作性上增加了难度。

（3）本研究的研究对象是我国优秀女子空手道组手运动员体能特征，优秀运动员属于少数精英人群，且空手道组手项目按照体重级别划分进行比赛，为了保证样本数量，需要对多个运动队进行测试，测试难度较大。

（4）在分析原测数据和构建评价体系过程中，需要运用大量统计学方法和基本原理对数据进行处理，这是本研究的又一个难点。

1.4.3 研究创新

（1）本研究以运动训练学理论、空手道专项训练理论、体育评价理论为基础，对我国优秀女子空手道组手运动员体能特征进行了探析，并构建了优秀女子空手道组手运动员体能评价体系。

（2）本研究根据体重级别的不同，分别从身体形态、生理机能和运动素质 3 个维度建立了我国优秀女子空手道组手运动员体能评价标准，为今后对女子空手道组手运动员进行科学的训练监控提供了理论参考。

2 文献综述

2.1 体能相关的理论基础

2.1.1 体能的概念

概念是构成命题、假设和推理等思维的基础，是研究的逻辑起点。因此，本研究以体能的概念为研究起点。"体能"这一概念具体从什么时候开始出现很难确定。何雪德等人认为，体能在 20 世纪中后期开始频繁地出现在体育报纸、杂志等刊物上。与此同时，国家队在训练中，开始引入体能的说法，体能概念开始逐渐进入大家的视野。但是，由于地域、文化和思想意识的差异，学者对于"体能"这一概念众说纷纭，至今仍存在争论，没有一个统一的界定。

1984 年上海辞书出版社出版的《体育词典》对体能的解释为：体能是人体各器官系统的机能在运动中所表现出来的能力。1992 年中国妇女出版社出版的《现代汉语新词典》对体能的解释为：体能是人体在运动中所表现出来的基本能力，主要由力量、速度、柔韧等运动素质和跑、跳、投、拉、攀爬、支撑等基本身体活动能力组成。从最早的概念可以看出，"体能"一词包含两个含义，即运动素质和基本身体活动能力。

2000 年高等教育出版社出版的《体育科学词典》对体能的定义为：体能是运动员基本运动能力，是构成运动员整体水平的重要组成部分。该书指出体能由外在体型、内在机能系统、运动素质和健康水平 4 个部分构成。

2000 年人民体育出版社出版的体育院校通用教材《运动训练学》从运动训练的角度对体能进行了更明确的定义，认为体能是运动员的基础能力，是竞技能力的重要构成单元，并指出体能的发展水平由身体形态、生理机能和运动素质 3 个方面组成。2012 年人民体育出版社出版的体育院校通用教材《运动训练学》认为体能是通过力量、速度、耐力、灵敏、协调等表现出来的人体基本运动能力，是运动员竞技能力的重要组成部分。这一概念也指出了体能与身体形态、生理机能和运动素质三者之间的关系，身体形态是体能的质构性基础，生理机能是体能的生物功能性基础，而运动素质则是体能的外在表现。

李之文从后天训练的角度对体能进行了解释，认为体能是通过后天训练而获得的，是通过骨骼、肌肉等器官表现出来的运动能力，包括速度、力量、灵敏等素质。

袁运平认为，体能来自两个方面：一是先天性遗传，由先天的基因决定；二是后天的不断训练，可以使身体发生适应性改变，是获得体能的重要手段。同时，他还提出，体能可以提高能量转移的效果。这一概念强调了体能的遗传性和后天的可塑性，并提出了物质与能量转移的理念。

杨世勇等认为，体能是运动员在进行训练和完成比赛任务时所具备的基础保障。这一概念与田麦久等人在《运动训练学》教材中提出的体能概念相似，强调了体能与技术、战术之间的重要关系。

在国外英文文献中，"体能"一词常被表达为"physical fitness" "strength" "physical conditioning" "physical capacity"等，其中"physical fitness"最为常用。"physical fitness"也被翻译成体适能。美国健康、体育、娱乐和舞蹈联盟对体适能的定义是：体适能是人体完成动作的能力。体适能好的人具备以下条件：①拥有健康的器官；②肢体足够协调，能够应对突发事件；③有适应团体活动的能力；④机体能够承受外界环境的改变。

美国运动医学会认为体适能主要涵盖以下几点：①心肺适能，即心脏运输血液及氧气至全身的能力；②肌肉适能，即肌肉的力量与耐力；③柔韧性，即无痛且自如移动的关节能力；④身体成分，即脂肪占身体重量的百分比。美国国家体能协会认为体能就是力量与身体素质训练。从这个定义来看，美国对体能的定义更加偏向力量方面的训练。

德国著名训练学专家哈特曼（Hartmann）与我国学者袁运平对体能的理解相似，强调能量的储备、转移和整合的能力。他们认为体能水平提高的表现就是体内能量可以通过骨骼、肌肉等器官更好地表现出来，也就是我们在训练和比赛中所看到的身体素质。

综上所述，国内外学者对"体能"这一概念的解释众说纷纭。国外学者多强调健康体能，突出了体能在日常生活中的作用。而国内学者多侧重竞技体能，着重强调了体能对外在运动表现的作用。本研究主要针对我国优秀女子空手道组手运动员体能特征进行研究。因此，本研究将前人对体能的概念进行总结，并将体能定义为机体基于先天性遗传因素，经过后天运动训练而获得的，为完成体育运动所具备的基本能力。

2.1.2 体能的构成要素

要想了解空手道组手项目体能特征，首先要认清体能的构成要素，即体能包括哪些要素，要素与要素之间的关系是什么样的，各要素之间如何构成一个整体。对于体能的构成要素的研究是一个不断演化的过程，截至目前尚没有一个完全统一的划分标准。随着学者对体能概念研究的深入，对其构成要素的认识也不断深入。

2.1.2.1 体能 = 运动素质

李福田、田雨普等人认为，体能就是运动素质，是运动员机体在运动时所表现出来的运动能力。这一概念至今为止仍然得到国内许多学者的认同，并且国外部分学者也将体能解释为力量、速度、耐力、灵敏、协调、柔韧、平衡等，与运动素质这一概念颇为相似。（图 2 - 1）

赵志英认为，体能就是在专项比赛与负荷下，机体最大限度地对抗疲劳的能力。从某种意义来看，其对体能概念的理解更偏向专项耐力，将体能的构成要素过于局限化。

将体能定义为运动素质，是早期学者和部分教练员比较认同的观点。推断其原因，可能与 20 世纪 80 年代足球体能测试的传播有关，并且早期体能仅应用于竞技体育中，因此，出现将体能等同于运动素质的说法。但是，随着时代的发展和科技的进步，人们对体能概念的理解更加丰富，"体能 = 运动素质"的说法已经难以满足当前运动训练与科学研究的需要，体能的概念被进一步扩大和延伸。

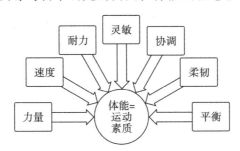

图 2 - 1 "体能 = 运动素质"的构成要素图

2.1.2.2 体能 = 运动素质 + 人体基本活动能力

随着人们对体能认识的不断深入，以及 2000 年大规模国民体质监测的展开，人们逐渐将体能的构成要素归纳为运动素质和人体基本活动能力。2000 年版《现代行业语词典》与《体育大辞典》都认为，体能是体质的一部分，体能由运动素质和人体基本活动能力构成（图 2-2），而人体基本活动能力包括跑、跳、投、攀爬、举起重物等能力。这一概念解释存在着明显的争议。运动素质和人体基本活动能力都是从不同角度来说明体能的，运动素质包含的是更为具体的运动能力，而人体基本活动能力则体现为具体的肢体动作，显然没有对事物进行抽象和概括。因此，这一解释存在着明显的概念交叉，难以全面、准确地对体能进行定义。

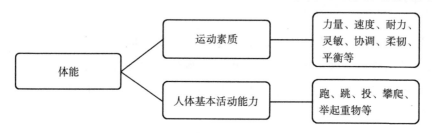

图 2-2　"体能 = 运动素质 + 人体基本活动能力" 的构成要素图

2.1.2.3 体能 = 身体形态 + 生理机能 + 运动素质

在田麦久等人编写的《运动训练学》教材中，作者认为体能是运动员的基本运动能力，由身体形态、生理机能和运动素质 3 个方面组成（图 2-3）。身体形态是从事某一项体育运动的外在条件，生理机能是内在的基础，身体形态和生理机能是体能的基础，而运动素质是体能的外在表现，三者互相联系、相辅相成。目前这个解释是被多数人所接受的，学者们在对不同专项进行体能研究的时候也是以此概念解释为基础的。

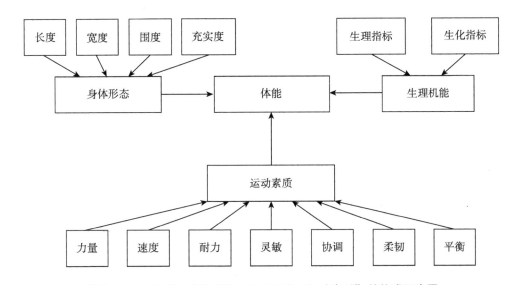

图2-3 "体能 = 身体形态 + 生理机能 + 运动素质"的构成要素图

从学者对体能的认识和理解上来讲，以上是大家普遍接受的对体能的构成要素的解释。首先，在系统结构上，它比较全面、多维度地阐述了体能的构成要素，且强调了各子要素之间的整体性和协同性，认为体能水平不是各子要素之间的简单叠加，而是通过特定的系统结构来实现的。其次，该定义体现了体能各要素之间的动态联系性，身体形态、生理机能和运动素质3个要素及其子要素之间都是相互渗透、相互作用的，其中任何一个要素发生变化，都会对其他要素产生不同程度的影响，进而影响整个机体的体能水平。最后，该定义阐述了3个要素之间的重要关系，即运动素质是体能的外在表现，而身体形态和生理机能则是体能的基础。

2.1.2.4 其他

除了以上3种对体能的构成要素的分类，还有学者在体能3个要素的基础之上，将"健康水平"或者"对外界环境的适应能力"也作为体能的构成要素。然而无论是"健康水平"还是"对外界环境的适应能力"的含义都比较广泛，"健康水平"涉及身体、心理以及社会适应能力，"对外界环境的适应能力"包括对气温、声音、颜色、场地、器材、节奏等的适应能力，二者在一定程度上影响体能水平，但是并不说明二者就是体能的构成要素。另外，也有学者从能量转移角度对体能进行解释。

综上所述，在有关学者对体能概念及其构成要素研究的总结基础之上，结合本研究的具体需要，本研究将借鉴《运动训练学》教材对体能概念的解释，即体能是运动员机体的基本运动能力，对运动员竞技能力的提高有重要作用；体能的发展水平由身体形态、生理机能和运动素质 3 个方面的发展状况所决定；3 个要素之间是相辅相成、互相促进的，其中身体形态和生理机能是体能的基础，运动素质是体能的外在表现。

2.2 有关空手道项目体能方面的研究

2.2.1 身体形态方面

2.2.1.1 身高、体重与身体质量指数（Body Mass Index，BMI）

身高、体重与 BMI 是反映人体外部特征的形态学指标。Arazi 等指出，与拳击、跆拳道等项目相同，空手道组手同属于按照体重级别划分进行比赛的项目，不同级别之间运动员身高、体重与 BMI 差异较大，且随着参赛级别的增加，身高、体重与 BMI 均呈增长趋势。Sterkowicz‐Przybycień 等、Koropanovski 等、Hamid 等研究报道，世界优秀男子空手道运动员身高、体重与 BMI 分别为 167.4~181.5cm、65.4~86.1kg、22.0~26.8kg/m^2。关于世界优秀女子空手道运动员的研究较少，毛爱华等、Doria 等、Tabben 等研究报道，世界优秀女子空手道运动员身高、体重与 BMI 分别为 158.2~177.6cm、52.5~66.1kg、20.3~23.8kg/m^2。Chaabene 等认为，世界级空手道运动员身高低于世界级跆拳道运动员，高于世界级摔跤、柔道运动员，与世界级拳击运动员接近。毛爱华等研究指出，中国世界级女子空手道运动员平均身高为 177.6cm，与世界女子空手道运动员身高相比具有一定的优势。Koropanovski 等研究提出，相比空手道型运动员，空手道组手运动员拥有更高大的身材。Jaric 等认为，对于空手道组手运动员来讲，相对高大的身材有利于其在比赛中获得更多空间优势。相反，对于空手道型运动员来讲，保持较小的体型有利于其拥有更大的相对力量来完成整套的动作演练。虽然，从比赛的角度来看，身高优势似乎有利于空手道组手运动员赢得比赛，但目前并无证据显示，世界排名与身高之间存在相关性。

2.2.1.2 身体成分

体脂含量是影响高水平运动员竞技水平的重要因素，与运动员有氧代谢、无氧代谢能力及力量素质等密切相关。尤其对于按照体重级别划分进行比赛的项目，脂肪增加导致体重上升会降低运动员竞技水平。研究表明（表 2-1），与一般人群或低水平运动员相比，世界优秀空手道运动员一般具有较低的体脂含量。现有文献显示世界优秀男子空手道运动员体脂含量为 7.5% ~16.8%，并随体重级别的增加而增加。有关世界优秀女子空手道运动员体脂含量的报道非常少，张楠与毛爱华等对我国女子空手道运动员体脂含量的测量结果分别为 19.4% ±1.9% 和 19.8% ±2.7%，高于我国同类项目摔跤、柔道运动员。Giampietro 等研究显示，虽然世界级与国家级空手道运动员在体脂含量上无明显差异，但世界级空手道运动员具有更低的下肢体脂含量。由此可见，较低的下肢体脂含量对于保持高水平竞技状态十分必要。Roschel 等研究显示，与低水平运动员相比，世界级空手道运动员具有更低的体脂含量，但同为世界级运动员，体脂含量与比赛结果之间无明显关联。因此，对于世界级空手道运动员来讲，体脂含量尚不能作为衡量竞技水平的决定性因素。

表 2-1 关于空手道运动员身体成分的研究

研究者	研究对象	国家	数量	性别	体重/kg	体脂含量/%
Giampietro et al.，2003	世界级运动员	意大利	14	男	72.4 ±8.7	9.8 ±1.6*
	业余运动员		21	男	69.2 ±8.9	11.2 ±3.7
Nikookheslat et al.，2016	国家级运动员	伊朗	40	男	72.7 ±9.9	12.9 ±2.4
Tabben et al.，2014	世界级运动员	法国	4	女	60.2 ±9.3	20.5 ±7.4
	世界级运动员		5	男	70.9 ±8.4	7.2 ±0.7
Arazi et al.，2017	世界级运动员	伊朗	11	男	82.7 ±13.5	8.66 ±3.6
Sánchez – Puccini et al.，2014	世界级运动员	哥伦比亚	19	男	65.4 ±12.0	14.7 ±4.3
Amusa et al.，2001	国家级运动员	博茨瓦纳	10	男	68.2 ±8.9	12.2 ±4.6
	国家级运动员		7	女	59.6 ±4.5	18.6 ±3.2
Imamura et al.，1998	世界级运动员	日本	7	—	66.3 ±8.2	10.7 ±2.0*
	业余运动员		9	—	60.1 ±6.9	12.6 ±4.5
Sterkowicz – Przybycień et al.，2010	世界级运动员	波兰	14	男	86.1 ±8.2	16.8 ±2.5
	业余运动员		16	男	81.4 ±11.9	15.8 ±1.9

续表

研究者	研究对象	国家	数量	性别	体重/kg	体脂含量/%
Imamura et al.，1997	国家级运动员	日本	6	男	66.8 ± 8.9	7.5 ± 1.6*
	业余运动员		8	男	59.9 ± 7.3	10.1 ± 4.4
毛爱华等，2017	世界级运动员	中国	5	女	66.2 ± 2.2	19.8 ± 2.7
张楠，2018	国家级运动员	中国	12	女	60.2 ± 6.3	19.4 ± 1.9

注：* 表示 $P < 0.05$。

2.2.1.3　体型

国外学者普遍采用 Heath-Carter 法对空手道运动员体型进行分类。该方法将体型划分为内胚型、中胚型和外胚型。其中，内胚型因子值反映个体的肥胖程度，中胚型因子值反映骨骼 – 肌肉的发达程度，外胚型因子值反映个体的瘦高程度。

Giampietro 等指出，世界优秀空手道运动员和一般空手道运动员在体型特征上较为接近，都属于中胚型，但世界优秀空手道运动员更倾向于外 – 中胚型。Katic 等指出，优秀空手道运动员体型更多地是纵向长度的发展，在体型上属于外 – 中胚型。另外，Fritzschey 等对德国优秀空手道运动员体型进行调查发现，随着世界排名的上升，运动员体型更偏向于外胚型。众多研究认为，由于空手道竞赛规则的特殊性，身材高大、四肢修长，可以获得首先接触对手的距离优势。因此，世界优秀空手道运动员体型更倾向于外 – 中胚型。另外，世界优秀空手道运动员体型与体重级别也存在一定联系，Arazi 等指出，随着体重级别的增加，世界优秀空手道运动员体型由外 – 中胚型逐渐变为内 – 中胚型。

虽然研究表明空手道运动员体型大多属于中胚型，但是对于不同性别空手道运动员来讲，仍然存在一定的差异性。从众多研究结果可以看出，世界优秀女子空手道运动员体型多属于内 – 中胚型（图 2 – 4）。关于世界优秀男子空手道运动员体型的研究结果存在一定的分歧（图 2 – 5）。其中，Amusa 等研究发现博茨瓦纳 10 名男子空手道运动员体型为外 – 中胚型；Giampietro 等指出，意大利男子空手道运动员体型多为外 – 中胚型；但是，Araiz 等研究表明，伊朗 11 名世界级空手道运动员体型属于均衡中胚型，同样属于均衡中胚型的还有菲律宾男子空手道国家队运动员；而 Sánchez – Puccini 等研究表明，哥伦比亚空手道运动员体型属于内 – 中胚型。同样以世界优秀男子空手道运动员为研究对象，Sterkowicz – Przybycień 等研究表明，波兰男子空手道运动员体型多属于内 – 中胚型，与 Sánchez – Puccini 等结论一致。综上所述，虽然高水平空手道运动员多属于中胚型，但是，男子与女子在体型具体分类上存在一定的不同，女子多属于偏内胚型的中胚型，男子则存在一定的差异。这很可能与早期的选材有密切关系。

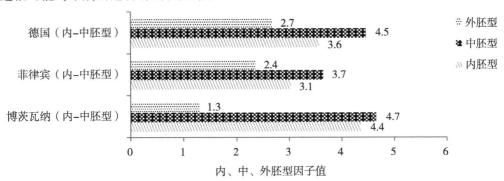

图 2 – 4　世界优秀女子空手道运动员体型示意图（基于 Heath-Carter 法）

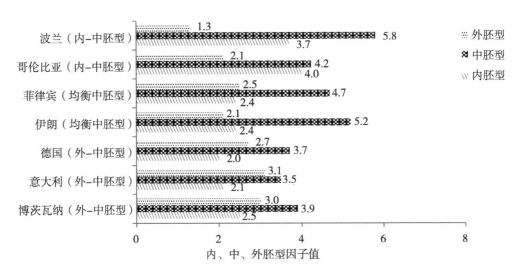

图 2 – 5　世界优秀男子空手道运动员体型示意图（基于 Heath-Carter 法）

2.2.2　生理机能方面

2.2.2.1　有氧能力

最大摄氧量（Maximal Oxygen Uptake，VO$_2$max）是目前评定人体有氧能力的典型指标。资料显示（表2-2），世界优秀男子空手道运动员 VO_2max 平均水平为 47.8 ~ 61.4 mL/（kg·min），世界优秀女子空手道运动员 VO_2max 平均水平为 42.4 ~ 49.1 mL/（kg·min）。现有报道显示，空手道运动员 VO_2max 水平明显低于同级别耐力项目铁人三项运动员、越野滑雪运动员，接近同类项目跆拳道运动员、摔跤运动员，略低于拳击运动员，高于一般人群或低水平运动员。Doria 等和 Koropanovski 等研究显示，在有氧能力方面，世界级组手运动员与型运动员之间无明显差异。

表2-2 关于世界优秀空手道运动员最大摄氧量的研究

研究者	研究对象	国家	数量	性别	实验手段	VO_2max/ [mL·(kg·min)$^{-1}$]
Doria et al.，2009	世界级型运动员	意大利	3	男	跑台	47.8 ± 4.4
	世界级组手运动员		3	男		48.5 ± 6.0
	世界级型运动员		3	女		42.4 ± 1.0
	世界级组手运动员		3	女		42.9 ± 1.6
Imamura et al.，1997	国家级运动员	日本	6	男	跑台	59.0 ± 6.6
Imamura et al.，1998	世界级运动员	日本	7	男	跑台	57.5 ± 5.2
Imamura et al.，1999	国家级运动员	日本	9	男	跑台	58.6 ± 6.8
Ravier et al.，2006	世界级运动员	法国	10	男	功率自行车	57.2 ± 4.1
	国家级运动员		12	男		58.5 ± 6.0
	世界级运动员		9	男	跑台	61.4 ± 2.6
	国家级运动员		8	男		58.1 ± 4.4
Tabben et al.，2014	世界级运动员	法国	4	女	跑台	48.0 ± 2.6
	国家级运动员		5	女		44.0 ± 2.9
Güler et al.，2018	国家级运动员	突尼斯	16	男	专项强度靶推算	41.7 ± 4.8
Arazi et al.，2017	世界级运动员	伊朗	11	男	1min 跑推算	51.6 ± 3.4
张楠，2018	国家级运动员	中国	32	女	20m 折返跑推算	49.1 ± 2.4

目前针对空手道项目的有氧能力测试主要有以下 3 种方法：①在实验室条件下采用跑台、功率自行车等形式，并结合气体分析仪直接测量 VO_2max，这种测量手段准确性高、干扰因素少，但对实验仪器、流程和环境要求较高，同时与专项运动形式差异较大，难以体现专项特点；②采用折返跑、1min 跑等形式，通过计算跑动距离和时间推算 VO_2max，这种测量手段对实验室的条件要求低，便于操

作；③结合专项动作进行逐级负荷递增击打测试，并结合气体分析仪计算 VO_2max，这是目前与专项结合最紧密的测量手段。现有研究中，不同报道的 VO_2max 测量结果相差较大。除了实验对象水平差异，实验方法、器材以及流程都会影响 VO_2max 最终结果。研究表明，功率自行车测量结果比跑台测量结果低 8% ~ 10%。目前并无证据显示，世界排名越高的运动员 VO_2max 水平越高，但保持较高水平的 VO_2max 可以提高机体内清除乳酸的能力，有利于缓解机体疲劳，以适应空手道间歇性的比赛节奏。因此，保持一定水平的 VO_2max 非常必要。根据现有研究结果，VO_2max 水平至少保持在 42.4 mL／（kg·min）（女）与 47.8 mL／（kg·min）（男）才能够满足世界级比赛的需要。另外，VO_2max 水平受训练因素影响较大，停止训练 4 周后 VO_2max 水平会下降 11% 左右，因此保持一定训练量对维持 VO_2max 水平十分重要。

2.2.2.2　无氧能力

无氧能力对空手道比赛中完成移动、进攻和躲闪等高强度动作有重要作用。Chaabene 等指出，世界高水平空手道比赛交手时间极短，约 80% 的交手在 2s 内完成。另外，Iide 等的研究结果表明，在 3min 的比赛中，单次最短攻防时间仅有 0.3s，最长也只有 1.8s。这些研究表明空手道比赛中单次交手时间极短，无氧能力尤其是磷酸原供能能力极为重要。针对空手道运动员无氧能力的评定主要手段为 30s Wingate 实验。现有资料显示（表 2 - 3），世界优秀空手道运动员无氧功率峰值为 9.6 ~ 13.2 W/kg（男）和 7.7 ~ 10.4W/kg（女），低于短跑、举重等项目，与跆拳道、柔道、散打等同类项目水平接近。孙强等、王亚男、Ravier 等指出，与国家级空手道运动员相比，世界级空手道运动员具有更高的无氧功率峰值。这似乎可以说明无氧功率峰值对空手道运动员竞技水平具有重要作用。从 Zupan 等对美国 1585 名大学联盟运动员的无氧功率等级划分标准来看（表 2 - 4），世界级空手道运动员多数属于"中等"水平。虽然，从比赛特点来看，组手运动员可能拥有更强的无氧能力，但现有研究显示型运动员与组手运动员之间无明显差异。

表 2-3　关于世界优秀空手道运动员无氧功率的研究

研究者	研究对象	国家	数量	性别	峰值/（W·kg⁻¹）	均值/（W·kg⁻¹）
Doria et al.，2009	世界级组手运动员	意大利	3	男	9.7 ± 0.6	7.9 ± 0.6
	世界级型运动员		3	男	9.6 ± 1.1	7.8 ± 0.2
	世界级组手运动员		3	女	7.8 ± 0.6	6.6 ± 0.4
	世界级型运动员		3	女	7.7 ± 0.5	6.5 ± 0.3
王亚男，2016	世界级组手运动员	中国	5	女	10.2 ± 0.4 *	—
	国家级组手运动员		7	女	8.3 ± 1.1	—
Busko et al.，2002	国家级运动员	波兰	9	男	10.8 ± 0.85	
Ravier et al.，2003	世界级运动员	法国	10	男	12.5 ± 1.3 *	—
	国家级运动员		12	男	10.9 ± 1.5	—
Faraji et al.，2016	国家级运动员	伊朗	40	男	13.2 ± 1.8	7.4 ± 0.9
孙强等，2012	国家级运动员	中国	12	男	11.2 ± 1.4	9.4 ± 1.2
	国家级运动员		12	女	10.4 ± 0.7	8.8 ± 0.6

注：* 表示 $P < 0.05$。

表 2-4　Wingate 无氧功率等级标准

等级	男		女	
	峰值/（W·kg⁻¹）	均值/（W·kg⁻¹）	峰值/（W·kg⁻¹）	均值/（W·kg⁻¹）
精英	>13.74	>9.79	>11.07	>8.22
优秀	13.04~13.74	9.35~9.79	10.58~11.07	7.86~8.22
中等偏上	12.35~13.03	8.91~9.34	10.08~10.57	7.51~7.85
中等	11.65~12.34	8.02~8.90	9.10~10.07	6.81~7.50
中等偏下	10.96~11.64	7.58~8.01	8.60~9.09	6.45~6.80
较差	9.57~10.95	7.14~7.57	8.11~8.59	6.10~6.44
非常差	<9.57	<7.14	<8.11	<6.10

2.2.3　运动素质方面

2.2.3.1　最大力量

目前，对于最大力量的评定较多地采用 1RM（One Repetition Maximum）测试。

针对空手道运动员最大力量的研究并不多。有研究显示，高水平空手道运动员与初学者在1RM半蹲、卧推测试中呈现显著差异。这似乎能够说明最大力量是影响空手道运动员的关键因素，但该项研究由于样本量过少，且实验对象在体重上相差较多，尚不具有说服力。Roschel等对6名巴西空手道国家队运动员进行测试发现，胜方与负方在1RM卧推、深蹲测试中并无明显差异。这与Toskovic等结论一致。空手道运动员最大力量与比赛结果之间似乎并无明显相关性。

除了采用1RM测试，等速肌力评定也是评定空手道运动员最大力量的常用手段。Sbriccoli等指出，高水平空手道运动员与一般水平空手道运动员相比具有更大的屈膝峰力矩，而在伸膝峰力矩上无明显差异（图2-6）。同时，该研究者指出，高水平空手道运动员在等速肌力评定过程中，能够更好地减少股二头肌与股外侧肌的拮抗作用，表现出更好的拮抗肌群的内协调能力。研究者认为，由于空手道竞赛规则的特点，技术动作击打完毕后要快速"回收"，保持良好的比赛姿势，因此，高水平空手道运动员由于长期进行专项训练，主动与被动肌群在"拉长-缩短"工作周期中具有更好的内协调能力。

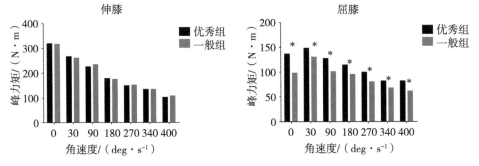

注：*表示P < 0.05。

图2-6　世界优秀空手道运动员膝关节峰力矩

2.2.3.2　爆发力

爆发力是人体肌肉组织短时间内做功的能力，是世界优秀空手道运动员的核心运动素质，常用的测量指标有下肢纵跳、立定跳远和30m跑等。Ravier等对法国空手道国家队运动员进行下肢纵跳测试发现，世界级空手道运动员在下肢纵跳水平上明显强于国家级空手道运动员。另外，Roschel等对高水平空手道运动员爆发力的适宜负荷问题进行了探究，研究发现（图2-7），巴西空手道国家队运动员胜方与负方在高负荷条件下（60% 1RM）深蹲与卧推做功无明显差异，但在低负荷条件下（30% 1RM）胜方明显大于负方。可见，对于高水平空手道运动员来讲，肌肉的收缩速度比最大力量更有意义，低负荷条件下（30% 1RM）肌肉做功能力是影响高水平空手道运动员竞技水平的关键。尽管我们潜意识认为，组手运动员应比型运动员具有更好的爆发力，但 Doria 等和 Koropanovski 等研究发现，世界级组手运动员与型运动员在下肢爆发力测试中并无明显差异（表 2－5）。因此，教练员在设计空手道运动员专项力量训练时，要特别注意运动负荷的安排，专项力量训练应以提高肌纤维的收缩速度和肌肉内协调能力为主，避免出现由于肌纤维增粗导致体重增加和肌肉收缩速度下降的情况。

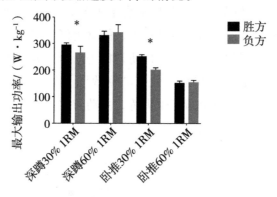

注：*表示 $P < 0.05$。

图 2－7　不同负荷条件下最大输出功率

表 2－5　世界级型运动员与组手运动员纵跳测试结果

研究者	研究对象	国家	数量	高度/cm
Doria et al.，2009	世界级男子型运动员	意大利	3	CMJ = 40. 1 ± 3. 2
				SJ = 42. 8 ± 4. 2
	世界级男子组手运动员		3	CMJ = 38. 9 ± 1. 1
				SJ = 42. 7 ± 4. 4
Doria et al.，2009	世界级女子型运动员	意大利	3	CMJ = 37 ± 1. 1
				SJ = 39. 2 ± 2. 4
	世界级女子组手运动员		3	CMJ = 36. 9 ± 1. 5
				SJ = 38. 3 ± 1. 0
Koropanovski et al.，2011	世界级组手运动员	塞尔维亚	9	CMJ = 46. 1 ± 4. 4
	世界级型运动员		2	CMJ = 48. 6 ± 8. 1

注：CMJ 代表反向纵跳；SJ 代表蹲跳。

2.2.3.3　柔韧性

柔韧性是指人体各关节的活动幅度，即关节的肌肉、肌腱和韧带等软组织的伸展能力。柔韧性对空手道运动员技术的流畅性、舒展性以及预防肌肉等软组织损伤都有重要意义。目前，有关空手道项目柔韧性的研究并不多。Probst 等的研究结果显示（图2－8），空手道练习者的屈髋、屈膝活动范围明显大于一般人群。研究者认为，这种差异性可能是由于长期进行空手道专项踢击技术练习提高了髋关节和膝关节周围肌肉组织的柔韧性。同样，Violan 等对无任何训练基础的8～13岁儿童进行为期6个月的空手道专项训练干预后，后者的股四头肌的柔韧性得到明显提高。Koropanovski 等指出，型运动员比组手运动员表现出更好的下肢柔韧性。但是，目前仍缺少对不同性别、不同水平空手道运动员柔韧性差异的相关研究。姜自立等认为，由于过度发展静态柔韧性会引起肌肉收缩速度和爆发力的下降，因此对空手道运动员最适宜柔韧度的研究十分必要。另外，从空手道比赛特点来看，空手道运动员赛前热身不应进行过多的静态拉伸，以避免肌肉爆发力和收缩速度的下降，而应该将静态拉伸、动态拉伸以及专项动作相结合，抵消肌肉弹性下降的负面效应。

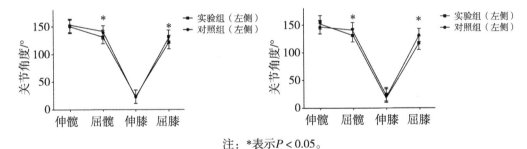

注：*表示$P < 0.05$。

图2－8　空手道练习者与一般人群关节活动范围比较

2.2.3.4　反应速度

空手道是一项结合时间和空间的运动，对外界刺激做出快速而准确的反应是适应比赛的关键。Iide 等研究显示，世界空手道组手比赛攻防时间为0～2s，说明反应速度对适应高水平空手道比赛尤为重要。目前，有关空手道运动员反应速度的研究相对较少，且存在争议。对空手道运动员反应速度的评定手段主要是简单反应时和选择性反应时测试。其中，Moscatelli 等、Mori 等、Williams 等采用简单反应时对不同水平空手道运动员进行测试,结果表明高水平空手道运动员与一般人群反应速度无明显差异,空手道运动员反应速度与竞技水平之间并无明显关联。但是,Fontani 等、Neto 等的研究显示,高水平空手道运动员具有更快的选择性反应时。虽然现有研究结果存在争议,但不可否认反应速度对空手道运动员的重要性。目前,现有反应速度的测试手段难以体现空手道专项特点,仍缺乏针对空手道专项特点的反应速度测试。

综上所述,本研究通过查阅 1973—2017 年国内外学者针对空手道运动员体能方面研究的重要文献发现,研究领域主要包括空手道运动员的体型、身体成分、能量代谢、运动素质、损伤防护等方面,总结如下,见表 2-6。

表 2-6　国内外有关空手道组手运动员体能特征总结

体能的构成要素	特征
身体形态	中 - 外胚型身材、身体匀称、瘦体重大、体脂含量较低、四肢发达、肌肉有力、臂展较长
生理机能	较好的有氧与无氧代谢能力(特别是磷酸原供能能力)、肌酸激酶水平较高、痛觉较弱、神经系统兴奋性强
运动素质	运动素质较全面,具备出色的爆发力、协调能力、快速反应能力和肌肉力量

2.3　有关世界级空手道比赛基本特征的研究

2.3.1　生理学特征

2.3.1.1　能量代谢

黎涌明等认为,能量代谢特征是确定训练量与强度的主要依据。由于空手道竞赛规则的特点,空手道比赛具有明显的间歇性,即在短时间、大强度的攻防后会伴随一定时间的间歇。Baker 等研究认为,空手道比赛包含较多高强度动作,无氧代谢可能是空手道比赛中运动员的主要能量来源。但随着对空手道项目研究的深入,这一观点逐渐被否定。

在 Tabben 等的研究报道中,2012 年空手道世锦赛中运动时间与间歇时间比为 1:1 ~1:1.5,在运动时间中,高强度运动时间与低强度运动时间比约为 1:8。该项研究表明，在空手道比赛中间歇时间与低强度运动时间占有较大的比例。Loturco 等以两届空手道世锦赛冠军为案例分析，通过面部佩戴气体分析仪，分析受试者在模拟比赛中呼出气体的成分，估算各能量代谢系统供能比例。研究结果显示（表2－7），氧化能供能、磷酸原供能与糖酵解供能分别占整个供能系统的61%、31%和8%。在现有研究中，氧化能供能比例高达77.8%。Doria 等的一项重要研究表明，虽然男女在供能比例上存在差异，但氧化能供能仍是组手与型比赛中运动员最主要的能量来源，其次为磷酸原供能，糖酵解供能较少。另外，该研究还指出，相比组手比赛，型比赛中糖酵解供能比例更高，这为合理安排型运动员和组手运动员的训练负荷提供了不同策略（图2－9）。由此可见，空手道是一项高强度间歇性运动，主要能量来自氧化能供能和磷酸原供能，而糖酵解供能参与较少。

表2－7 三种能量代谢系统供能比例表

研究者	研究对象	国家	性别	数量	氧化能供能	糖酵解供能	磷酸原供能
Loturco et al.，2017	世界级运动员	伊朗	男	1	188.3J	24.9J	94.3J
					61%	8%	31%
田文等，2017	国家级运动员	中国	男	9	132.7±22.2J	13.0±5.9J	31.1±10.8J
					(75.2±5.3)%	(3.1±2.7)%	(17.7±5.3)%
			女	9	61.6±10.7J	7.5±4.4J	27.3±11.8J
					(64.9±9.3)%	(7.4±3.3)%	(27.3±11.8)%
Beneke et al.，2004	世界级运动员	意大利	男	10	262.2±78.3J	20.3±9.0J	51.7±12.4J
					(77.8±5.8)%	(6.2±4.2)%	(16.0±4.6)%

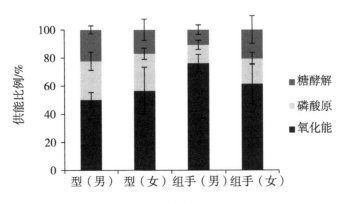

图2－9 空手道比赛能量供应比例图

2.3.1.2 心率、血乳酸及主观疲劳程度

心率、血乳酸及主观疲劳程度是反映比赛负荷强度的常用指标，可以为日常训练提供监控与指导。现有研究显示（表2-8），世界级空手道运动员比赛中男子的平均心率为175~187次/分，女子的平均心率为185~194次/分，比赛中超过90%最大心率，瞬时心率接近最大心率。有研究表明，在空手道比赛中，65%~74%的比赛时间双方运动员心率处于90%最大心率以上。比赛后即刻血乳酸为7~11mmol/L，低于同类项目如跆拳道、柔道、拳击等的平均血乳酸，原因可能是空手道比赛采用"一回合"制，而其他项目则是进行多个回合，比赛时间相差较大。Chaabene等对世界级空手道运动员在模拟比赛与正式比赛中进行比较发现，正式比赛后即刻血乳酸（11.1±1.8 mmol/L）明显高于模拟比赛后即刻血乳酸（7.8±2.7 mmol/L），说明在正式比赛中比赛强度更大，有更多糖酵解供能。现有研究显示，胜方与负方之间比赛后即刻血乳酸无明显差距。空手道比赛整体主观疲劳程度并不高，主观疲劳程度为10~14，属于中等强度水平。Chaabene等对空手道比赛中身体不同部位疲劳程度进行调查发现，虽然在空手道比赛中上肢技术运用最多，但下肢肌群（股四头肌、腘绳肌、腓肠肌）的疲劳感却是最明显的。因此，研究者认为教练员应该在日常训练中增加更多的下肢肌群力量训练，提高下肢肌群力量和耐力水平，以推迟和缓解比赛中下肢肌群长时间工作带来的疲劳。

表2-8 世界级空手道运动员比赛中心率、血乳酸及主观疲劳程度水平

研究者	研究对象	性别	数量	实验环境	平均心率/（次·分$^{-1}$）	血乳酸/（mmol·L^{-1}）	主观疲劳程度
Tabben et al.，2013	世界级运动员	男	4	正式比赛	179±7	8.8±2.0	10±1
	世界级运动员	女	3	正式比赛	185±9	8.8±0.9	12±2
Chaabene et al.，2014	世界级运动员	男	10	正式比赛	177±13	11.1±1.8	14±2
	世界级运动员	男	10	模拟比赛	175±11	7.8±2.7	12±2
Chaabene et al.，2014	世界级运动员	男	14	正式比赛	177±13	10.0±1.8	14±2
Doria et al.，2009	世界级组手运动员	男	3	模拟比赛	175±5	7.5±2.4	—
	世界级组手运动员	女	3	模拟比赛	187±12	10.6±4.8	—

研究者	研究对象	性别	数量	实验环境	平均心率/ （次·分$^{-1}$）	血乳酸/ （mmol·L^{-1}）	主观疲劳 程度
Doria et al.， 2009	世界级型运动员	男	3	模拟比赛	187 ± 2	6.5 ± 1.3	—
	世界级型运动员	女	3	模拟比赛	194 ± 2	3.9 ± 1.7	—

2.3.2 运动学特征

2.3.2.1 时间结构

目前，有关空手道运动学特征的研究主要基于录像分析法对空手道组手比赛时间结构等特征进行描述（表 2 - 9）。从时间结构来看，空手道组手是一项间歇性运动，整个比赛可划分为对峙时间、交手时间和间歇时间 3 个部分。Chaabene 等指出，虽然空手道组手比赛每局 3min（成年男子组），但由于比赛中暂停、受伤、判罚等情况的影响，整个比赛需要持续 4 ~ 5min。Chaabene 等对世界级空手道组手运动员正式比赛时间结构特征进行分析，结果显示，对峙时间与间歇时间比约为 1∶1.5，交手时间与间歇时间比约为 1∶10，场均交手次数为 17 ± 7 次，其中 (83.8 ± 12)% 的交手时间在 2s 以内。在另一项研究中，Chaabene 等对模拟比赛与正式比赛中高强度对抗次数进行了比较，结果显示，正式比赛中交手频率（14 ± 6 次）低于模拟比赛中交手频率（18 ± 5 次），总共交手时间分别为 21.0 ± 8.2s 与 30.4 ± 9.9s。研究者认为模拟比赛与正式比赛在时间结构上的差异性与运动员在正式比赛中技战术运用更加谨慎有关。Tabben 等对 2012 年空手道世锦赛不同性别、级别、比赛胜负与时间结构之间进行研究。研究者指出，高水平比赛单次对峙时间为 8.8 ± 2.3s，交手时间为 1.4 ± 0.3s，间歇时间为 11.3 ± 5.8s，对峙时间与间歇时间比例为 1∶1 ~ 1∶1.5，其中小级别约为 1∶1.5，中级别约为 1∶1.2，大级别约为 1∶1，各级别之间存在显著性差异（图 2 - 10），胜方与败方在全程比赛时间结构上并无明显差异，与 Chaabene 等研究结果一致。需要注意的是，在赛前封闭集训条件下，模拟比赛或队内测试赛成为封闭式环境下检验集训成果的重要方式。因此，在模拟比赛中，教练员应强调运动员注重单次交手成功率，不应该过度提示运动员增加交手频率，同时要注意不同级别比赛间歇时间的差异性，最大程度提高模拟比赛与正式比赛的契合程度，将训练收益最大化。

表2-9　世界级空手道组手比赛时间结构特征

研究者	研究对象	性别	数量	实验环境	对峙时间/s	交手时间/s	间歇时间/s	对峙时间：间歇时间	交手时间：间歇时间	交手时间占比/%
Chaabene et al.，2014	世界级组手运动员	男	14	正式比赛	8.9 ± 4.5	1.5 ± 0.7	15.4 ± 5.6	1：1.5	1：10	5.81
Tabben et al.，2015	世界级组手运动员	男、女	60	正式比赛	8.8 ± 2.3	1.4 ± 0.3	11.3 ± 5.8	1：1.5	1：8	14.8 ± 4.1
Chaabene et al.，2014	世界级组手运动员	男	10	正式比赛	9.8 ± 4.9	1.7 ± 0.7	17.3 ± 5.2	1：1.5	1：11	6.8 ± 2.3
	世界级组手运动员	男	10	模拟比赛	8.5 ± 2.9	1.6 ± 0.3	11.5 ± 2.7	1：1.2	1：7	10.4 ± 3.3

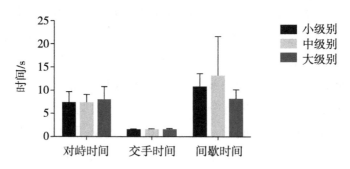

图2-10　不同体重级别世界级空手道比赛时间结构特征

2.3.2.2　技战术运用

虽然空手道技术体系包括上肢技术、下肢技术和摔法三大类，不同技术之间还会衍生出组合技术，技术动作复杂多变，但从组手比赛技术运用情况来看，无论从级别还是胜负结果来看，上肢技术都是运用最多的技术（图2-11），同时上肢技术的得分率也明显高于其他技术。研究者认为主要原因是上肢技术具有击打速度快、命中率高的特点。另外，在上肢技术中，单次技术使用率明显高于组合技术。对于不同级别来说，小级别的技术运用频率明显高于中级别和大级别。现有研究除了对空手道组手比赛技术运用情况进行了讨论，对技战术运用特征与比赛胜负的相关性也进行了研究。Tabben等通过对2012年与2014年空手道世锦赛120名参赛运动员比赛录像进行统计与分析发现，比赛中获得首分的运动员最终获胜概率更高，且胜方的进攻战术运用频率明显高于负方。因此，在空手道技术训练上，教练员应将上肢技术的得分能力作为训练的核心内容。另外，教练员要鼓励运动员树立以主动进攻为主的战术指导思想，强化比赛中获得首分的思想意识，从而增加比赛最终的获胜概率。

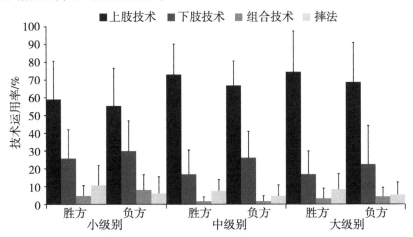

图 2 −11　2012 年空手道世锦赛技术运用情况

2.3.3　动力学特征

目前，有关空手道技术动力学特征的研究相对较少，且以实验室条件下对单个比赛技术动力学特征分析为主。现有研究中，Sbriccoli 等对高水平空手道运动员和业余空手道运动员膝关节等速力量与神经肌肉反应进行测试。研究结果表明，高水平空手道运动员在完成前踢过程中，股二头肌拥有更高的拮抗激活水平，使肌肉"拉长－缩短"的工作周期更短，研究者认为这与空手道竞赛规则要求实施技术后快速"回收"有密切关系。此外，高水平空手道运动员在等速力量测试与前踢技术中均表现出更高的肌纤维传导速度，笔者认为这可能是由于高水平空手道运动员具有更强的快肌纤维募集能力。Pozo 等对比利时世界级与国家级空手道组手运动员前踢技术 3 个阶段（启动、击打和回收）完成时间进行研究，结果显示世界级空手道组手运动员启动、击打和回收 3 个阶段的完成时间均明显短于国家级空手道组手运动员（图 2 −12）。此外，笔者还发现，在重复进行 4 次前踢技术的情况下，世界级空手道运动员前踢技术的完成时间以及髋、膝、踝关节动力学特征表现出更好的可重复性，这种高质量的可重复性可以作为区别世界级与国家级空手道运动员的标准。尽管世界级空手道运动员在前踢技术每个阶段比国家级空手道运动员有更快的速度，但在最终击打力量上并无明显差异。研究者认为，这是由于空手道竞赛规则的特殊性，强调动作的"寸止"原则，即避免肢体与对手身体部位过度接触造成损伤，是高水平运动员有意识控制动作的结果。

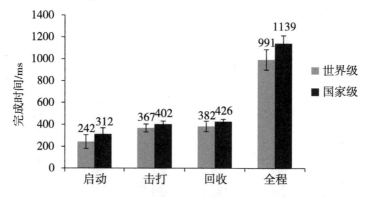

图2-12　世界优秀空手道运动员前踢技术各阶段完成时间

综上所述，高强度运动与间歇交替进行是世界级空手道比赛的基本特征。世界级空手道比赛持续时间为4~5min，对峙时间与间歇时间比约为1：1.5，交手时间与间歇时间比约为1：10，其中80%以上的交手时间在2s内，交手频率低于模拟比赛。另外，在世界级空手道比赛技战术运用中，上肢技术运用最多，胜方的进攻战术运用频率高于负方，且获得首分会增加比赛的最终获胜概率。

2.4　有关体育评价理论的研究

2.4.1　评价的定义与目的

袁尽洲认为，评价是指对客观或主观收集的信息进行分析和价值判断，并赋予一定解释的过程。汤立许认为，评价是对主体、客体的价值判断，判断内容包括有无价值、有何价值以及价值大小。杨军认为，评价是人类的一种基本认识活动，是人们对事物本质特征由表及里认识的主要方式。因此，我们可以看出，评价是人们对客观事物进行价值判断的过程。尚延侠认为，评价不等于测量，评价是在测量的基础之上完成的，二者是一个事物的两个方面，存在紧密的联系。测量是评价的基础和前提，准确、科学的测量是完成对一个事物的客观评价的先决条件。没有准确、科学的测量就不能获得有效的数据，那么评价工作也毫无意义。评价是测量的最终目的，是对测量结果的价值判断，二者紧密相连、相互依存。

因此，体能评价是对运动员体能发展水平进行全面、客观的价值判断的过程。

其目的是通过价值判断，改进体能训练工作，提高体能训练质量，为运动员体能水平的发展提供服务。

2.4.2 体育评价理论在专项体能方面的应用

目前，体能评价理论被较多地应用于不同专项之中，是体育学中较为常用的研究方法，为本研究空手道组手运动员体能评价体系的构建提供了充足的理论依据。

陈翀在其博士论文《我国 U17 男子足球运动员体能评价指标体系的构建和标准的建立》中，通过对 329 人进行体能测试，最终建立了由形态、机能和素质 3 部分构成的共计 11 项二级指标、13 项三级指标的体能评价体系，并通过离差法和百分位数法生成了 5 个评价等级。

金宗强在其博士论文《我国优秀排球运动员专项体能评价体系与诊断方法的研究》中，采用测试法，构建了我国优秀排球运动员专项体能评价体系，并对运动员专项体能发展水平进行了势态诊断和差距诊断，找出了影响排球运动员专项体能发展水平的关键因素。张晓丹在《中国优秀女子沙滩排球运动员体能特征及其评价体系研究》一文中，运用访谈法、测试法和数理统计法等方法，分别从形态、机能、素质和损伤方面阐述了我国优秀女子沙滩排球运动员体能特征，结合原测数据，建立体能评价体系；采用构建的体能评价模型对测试对象体能发展水平进行了评估，指出了当前运动员体能状况及存在的问题。

王智明等人以我国优秀男子竞技健美操运动员为研究对象，采用文献法、测试法和德尔菲法等研究方法，对其专项体能结构模型进行构建。其构建的我国优秀男子竞技健美操运动员体能结构模型包括专项协调素质、专项速度指标、专项力量指标、专项柔韧指标和专项耐力素质等 5 个主因子、11 项指标。他们还指出了该项目的训练重点。王放、秦晓燕采用类似的研究思路，对优秀竞技健美操运动员体能评价体系进行了构建。

赵发田等在《我国优秀男子散打运动员体能特征的研究》一文中，将 93 名运动员按照比赛名次划分为一般组与优秀组，采用包括形态、机能和素质在内共计 48 项指标对运动员体能特征进行测试，通过 t 检验和因子分析法挑选出能够反映优秀散打运动员体能特征的 12 项指标，并建立了单项指标和综合指标的评价标准。另外，李国强等人在《我国优秀男子散打运动员体能模型研究》一文中，采用了相同的研究方法，但是在赵发田等人基础之上，给出了不同运动等级散打运动员体能评价标准，丰富了散打项目的体能评价标准。另外，王芳等人也将体能评价理论应用于军事、警察领域，根据不同的职业特点，针对不同的军事人员、警种建立了相应的指标体系和评价标准。

　　笔者对上述有关专项体能评价方面的研究进行梳理后发现，体能评价体系的构建过程一般分为明确评价对象与目的、确定评价指标、确定指标权重、建立评价标准以及评价标准的回代检验等部分。体能评价对象一般是指该专项体能发展水平，目的一般是对体能发展水平进行一个定量评估。评价指标的确定一般需要结合文献、专家访谈意见，并通过问卷调查（德尔菲法）和统计学优化确定最终的评价指标。指标权重的确定可以分为一级指标和二、三级指标的权重确定，确定的方法主要有专家评议、计算因子贡献率等方法。在建立评价标准时，较为常用的方法是离差法和百分位数法。目前百分位数法由于不受数据正态分布的影响，被越来越多地采用。为了检验评价体系的科学性，要对建立的体能评价标准进行回代检验。

　　另外，有部分学者在构建评价体系的基础之上，对运动员专项体能发展水平进行诊断研究，指出其专项体能存在的优势和劣势，提出影响该专项体能发展的关键指标，为今后的训练提供指导策略。

3 研究对象与研究方法

3.1 研究对象

本研究以我国优秀女子空手道组手运动员体能特征为研究对象。

3.1.1 测试对象基本情况

本研究测试对象为国家空手道集训队和北京体育大学空手道代表队运动员，以及北京体育大学竞技体育学院和教育学院空手道专项班学生，共计68人。测试对象基本情况见表3－1。

表3－1 测试对象基本情况

样本量/人	年龄/岁	身高/cm	体重/kg	训练年限/年
68	19.59 ±2.53	172.22 ±6.02	60.17 ±5.94	5.22 ±2.39

3.1.2 测试对象运动水平分组

本研究以我国优秀女子空手道组手运动员体能特征为研究对象，故优秀组测试对象选择近3年内获得过全运会、全国锦标赛、冠军赛前3名及以上的女子空手道组手现役运动员，即对应运动等级为国家级运动健将及以上运动员，共计36人，主要来自国家空手道集训队和北京体育大学空手道代表队；其余运动员为一般组测试对象，主要为北京体育大学竞技体育学院和教育学院空手道专项班学生，共计32人。测试对象运动水平分组见表3－2。

表3－2 测试对象运动水平分组

组别	样本量/人	年龄/岁	身高/cm	体重/kg	训练年限/年
优秀组	36	19.54 ±3.40	171.14 ±6.37	60.18 ±6.20	6.14 ±2.23
一般组	32	19.20 ±4.55	170.43 ±5.07	60.14 ±5.27	3.72 ±2.26

3.1.3 测试对象体重级别分组

由于空手道组手项目是按照体重级别划分进行比赛的项目，在制定体能评价标准时需要充分考虑这一客观存在因素，因此，本研究参照国际奥委会对 2020 年东京奥运会空手道女子组手级别设定并征求相关专家的意见，将测试对象分为 −55kg、−61kg 和 +61kg 3 个级别。优秀组测试对象体重级别分组见表 3 −3。

表 3 −3　优秀组测试对象体重级别分组

级别	样本量/人	年龄/岁	身高/cm	体重/kg	训练年限/年
−55kg	13	18.85 ±2.77	166.92 ±5.90	53.29 ±3.11	5.85 ±2.28
−61kg	12	19.08 ±2.29	172.00 ±3.56	61.13 ±1.51	6.08 ±1.75
+61kg	11	19.82 ±2.43	177.27 ±3.49	67.29 ±2.03	6.36 ±2.43

3.2　研究方法

3.2.1　文献资料法

以空手道（karate）、体能（fitness、physical fitness、physical ability）、组手（kumite）、评价（assessment、evaluate）等为关键词，在 CNKI（中国知网）、EB-SCO 运动科学全文数据库、SPORTDiscus、Web of Science 等网站上对近 10 年有关空手道以及体能相关文献进行检索，收集国内外有关空手道项目的相关文献。在广泛阅读和整理以上有关文献的基础之上，对有关运动员体能及评价体系构建方面的资料进行重点阅读，并进行归纳与整理。另外，通过登录 WKF、国家体育总局、中国空手道协会等官方网站，广泛地收集国内外空手道竞赛信息和运动员基本资料，为本研究的撰写提供一定的理论依据。

3.2.2　专家访谈法

根据本研究需要，对相关专家进行访谈，访谈的形式主要有面对面交流与电话、邮件访谈。专家研究领域主要涉及运动训练、体能训练、空手道训练与教学等方面。重点针对空手道组手专项特征、测试指标的筛选、实验测试细节与体能评价体系构建等方面的问题征求专家意见，为本研究提供可行性依据。访谈专家基本情况见表 3 −4。

表3-4 访谈专家基本情况

姓名	工作单位	职称	研究领域
沈萌芽	北京体育大学	国家级教练员	运动训练
卢秀栋	北京体育大学	教授	运动训练
杨斌胜	北京体育大学	教授	运动训练
樊庆敏	北京体育大学	教授	运动训练
徐刚	北京体育大学	教授	运动训练
吴建忠	北京体育大学	副教授	运动训练
张辉	北京体育大学	副教授	运动训练
李丹阳	武汉体育学院	副教授	体能训练
任晓凤	河南省体育局	高级教练员	空手道训练与教学
李红（世界冠军）	中国人民公安大学	助教	空手道训练与教学

3.2.3 问卷调查法

为了更多、更好地收集能够全面反映空手道组手项目的体能指标，笔者在查阅大量文献和专家访谈的基础之上，结合空手道组手项目特征，初步构建了反映优秀女子空手道组手运动员体能特征的评价体系，并编写了《我国优秀女子空手道组手运动员体能评价指标调查表》。

另外，为了确定我国优秀女子空手道组手运动员体能评价体系中各指标的权重，笔者编写了《我国优秀女子空手道组手运动员体能评价指标权重表》。

3.2.3.1 调查对象

《我国优秀女子空手道组手运动员体能评价指标调查表》和《我国优秀女子空手道组手运动员体能评价指标权重表》中调查对象主要有国家空手道集训队教练员，部分省（自治区、直辖市）空手道队一线教练员、裁判员、科研人员以及各高校空手道相关专家，调查对象基本情况见表3-5。

表 3-5　调查对象基本情况

调查内容		《我国优秀女子空手道组手运动员体能评价指标调查表》		《我国优秀女子空手道组手运动员体能评价指标权重表》	
		人数	比例/%	人数	比例/%
性别	男	27	73.0	14	70
	女	10	27.0	6	30
职称	初级	6	16.2	2	10
	中级	8	21.6	8	40
	高级及以上	23	62.2	10	50
学历	大专	5	13.5	3	15
	本科	14	37.8	5	25
	硕士及以上	18	48.6	12	60
从业年限	4 年以下	1	2.7	0	0
	4~5 年	3	8.1	1	5
	6~8 年	6	16.2	1	5
	9~12 年	16	43.2	14	70
	12 年以上	11	29.7	4	20

注：比例保留一位小数，四舍五入，故存在比例之和为 99.9% 的可能性。

从《我国优秀女子空手道组手运动员体能评价指标调查表》中调查对象的基本情况来看，职称为高级及以上的占总人数的 62.2%，学历为硕士及以上的占总人数的 48.6%，从业年限为 9 年及以上的占总人数的 72.9%，说明调查对象在该专业领域具有较高的资历与较好的专业背景，能够为本研究体能指标的筛选提供较为有效的信息。

从《我国优秀女子空手道组手运动员体能评价指标权重表》中调查对象的基本情况来看，职称为高级及以上的占总人数的 50%，学历为硕士及以上的占总人数的 60%，从业年限为 9 年及以上的占总人数的 90%，说明调查对象具有较好的专业背景，能够为本研究指标权重的确定提供可靠的意见。

3.2.3.2　调查内容

本研究调查内容主要包括对测试指标的初选、复选以及对指标的权重赋值和认定。

3.2.3.3　问卷的发放与回收

《我国优秀女子空手道组手运动员体能评价指标调查表》是在 2016 年全国空手道冠军赛期间（2016 年 11 月）发放的，问卷发放的形式为当面呈送，部分给高校专家及科研人员的问卷则是以邮件的形式发放、回收的。《我国优秀女子空手道组手运动员体能评价指标调查表》共发放 37 份，回收 37 份，回收率为 100%，其中有 1 份问卷漏题数目过多，1 份问卷选项皆为同一个，因此这 2 份问卷被视为无效问卷，有效 35 份，有效率为 94.6%。

《我国优秀女子空手道组手运动员体能评价指标权重表》是在 2017 年全国竞技空手道锦标赛期间（2017 年 5 月）发放的，问卷发放对象为各省队教练员和裁判员，问卷发放的形式为当面呈送。《我国优秀女子空手道组手运动员体能评价指标权重表》共发放 20 份，回收 20 份，回收率为 100%，有效 20 份，有效率为 100%。

调查问卷发放时间、地点见表 3－6。调查问卷发放与回收情况见表 3－7。

表 3－6　调查问卷发放时间、地点

问卷名称	调查对象	发放时间与地点
《我国优秀女子空手道组手运动员体能评价指标调查表》	空手道教练员、裁判员及科研人员	2016 年 11 月 18－21 日江西南昌
《我国优秀女子空手道组手运动员体能评价指标权重表》		2017 年 5 月 9 日—11 日河北保定

表 3－7　调查问卷发放与回收情况

问卷名称	发放问卷/份	回收问卷/份	回收率/%	有效问卷/份	有效率/%
《我国优秀女子空手道组手运动员体能评价指标调查表》	37	37	100	35	94.6
《我国优秀女子空手道组手运动员体能评价指标权重表》	20	20	100	20	100

3.2.3.4　问卷的效度、信度检验

（1）问卷的效度检验。

对 2 份问卷的结构效度检验均采用了专家判断法，通过向该领域具有正高级职

称的 6 位专家访谈，对问卷的效度进行检验，检验结果见表 3-8、表 3-9。

表 3-8 《我国优秀女子空手道组手运动员体能评价指标调查表》效度检验结果

满意度	非常满意	满意	一般	不满意	非常不满意
专家人数	5	1	0	0	0
百分比/%	83.3	16.7	0	0	0

表 3-9 《我国优秀女子空手道组手运动员体能评价指标权重表》效度检验结果

满意度	非常满意	满意	一般	不满意	非常不满意
专家人数	4	2	0	0	0
百分比/%	66.7	33.3	0	0	0

调查结果显示：专家对《我国优秀女子空手道组手运动员体能评价指标调查表》"非常满意"占 83.3%，"满意"占 16.7%，没有"不满意"或"非常不满意"的意见，说明问卷具有较好的效度；专家对《我国优秀女子空手道组手运动员体能评价指标权重表》"非常满意"占 66.7%，"满意"占 33.3%，没有"不满意"或"非常不满意"的意见，说明问卷具有较好的效度。

（2）问卷的信度检验。

问卷的信度检验采用了小范围内"测验—再测验"的方法，具体操作流程是在 2016 年 11 月填表人员第一次填写《我国优秀女子空手道组手运动员体能评价指标调查表》一个月后，从第一批填表人员中随机抽取 15 人再次填写该表；在 2017 年 5 月填表人员第一次填写《我国优秀女子空手道组手运动员体能评价指标权重表》半个月后，随机抽取其中 10 名填表人员再次填写该表。将前后两次填表结果进行相关系数分析，两份问卷重测信度系数分别为 0.79 和 0.87，表明问卷具有良好的信度，能够客观地反映被调查情况。

3.2.4 德尔菲法

本研究在构建我国优秀女子空手道组手运动员体能评价体系的过程中采用了目前较为常用的德尔菲法。在对 2016 年全国空手道冠军赛 37 名空手道教练员、裁判员问卷调查数据的基础之上，通过查阅文献、专家访谈，本研究设计了《我国优秀女子空手道组手运动员体能评价指标专家评议表》，并请 15 名专家进行了两轮评议。在第一轮专家评议中,专家对指标进行了删除和修改,并对同意指标的重要程度进行"5 分制"判定。本研究根据第一轮专家意见编制第二轮问卷。在第二轮专家评议中,专家根据第一轮修改后指标的重要程度,再次对指标进行判定,最终确定较为全面、科学的体能评价指标。为了保证结果的可靠性和有效性,本研究在入选评议专家的基本情况和积极性、专家意见集中程度、专家意见协调程度等方面进行了严格的处理。

3.2.5 测试法

3.2.5.1 测试指标的筛选及确定

本研究从以下 3 个步骤确定我国优秀女子空手道组手运动员体能特征测试指标。

(1)通过查阅文献与专家访谈,尽可能收集可以全面反映我国优秀女子空手道组手运动员体能特征的重要指标,并对所收集的指标进行归纳与整理。

(2)以运动训练学理论为基础,将所收集的指标按照身体形态、生理机能和运动素质 3 个维度进行划分,初步设计《我国优秀女子空手道组手运动员体能评价指标调查表》,并于 2016 年全国空手道冠军赛期间(2016 年 11 月)发放给 37 名教练员和裁判员填写,并换算成得分。

(3)根据查阅文献、专家访谈以及问卷调查结果,编制《我国优秀女子空手道组手运动员体能评价指标专家评议表》,运用德尔菲法分两轮发放给专家,根据专家的意见对指标进行调整和修改,最终挑选出平均得分在 4.0 以上、变异系数在 0.25 以下的指标作为本研究的测试指标,其中包括 13 项身体形态指标、11 项生理机能指标和 11 项运动素质指标。测试指标具体如下:

身体形态指标:身高、上肢长、肩宽、上臂紧张围、上臂放松围、上臂围差、腰围、臀围、腰臀比、体重、体脂百分比、瘦体重、克托莱指数。

生理机能指标:最大摄氧量、相对最大摄氧量、最大无氧功率、相对最大无氧功率、平均无氧功率、相对平均无氧功率、功率下降率、血尿素、血清睾酮、血红蛋白、红细胞计数。

运动素质指标:立定跳远、前抛实心球、30m 跑、10s 高抬腿 + 左右冲拳、20s 拳拳组合、20s 拳腿组合、30s 迎击强度靶、10s 后手中段冲拳、4×10m 折返跑、400m 跑、1min 跳绳。

3.2.5.2 测试时间、地点及方式

本研究由于测试内容和指标较多，采用了分散与集中相结合的测试方法。2016年12月—2017年3月，测试对象为北京体育大学空手道代表队运动员和北京体育大学空手道专项班学生，其中，身体形态和运动素质测试在北京体育大学空手道训练馆完成，生理机能测试在北京体育大学运动人体科学实验中心完成。2017年3月，测试对象为国家空手道集训队女子组手运动员，身体形态和运动素质测试在霍元甲文武学校空手道训练基地完成，生理机能测试由随队科研专家完成。

3.2.5.3 测试过程控制

根据最终确定的身体形态和运动素质测试指标，本研究编写了《身体形态测试指标与测试细节》《运动素质测试指标与测试细节》。正式测试之前，本研究对北京体育大学空手道专项班部分学生进行了预测试，修改了测试过程中容易出现问题的部分，从而进一步保证了测试流程的顺利。其中，身体形态测试由北京体育大学统计与测量专业的研究生直接完成，在测试过程中保证每一项测试都由同一个人完成；运动素质测试由笔者和相关教练员按照具体指标测试细节严格完成；生理机能测试由北京体育大学运动人体科学实验中心实验员按照生理生化测试指标要求完成。

3.2.6 数理统计法

采用 Excel 2010 软件对我国优秀女子空手道组手运动员体能相关指标测试结果进行储存、分类和汇总，并结合 SPSS 17.0 软件对数据进行统计学分析，结果用均值 ± 标准差的形式表示。具体数理统计方法的运用见表 3 – 10。

表 3 – 10　具体数理统计方法的运用

序号	研究内容	具体操作方法
1	不同水平女子空手道组手运动员体能特征的研究	独立样本 t 检验
2	不同体重级别优秀女子空手道组手运动员体能特征的研究	单因素方差分析
3	评价指标的确定	因子分析法
4	评价标准的制定	百分位数法、加权法
5	运动员个体体能水平案例分析	Excel 雷达图

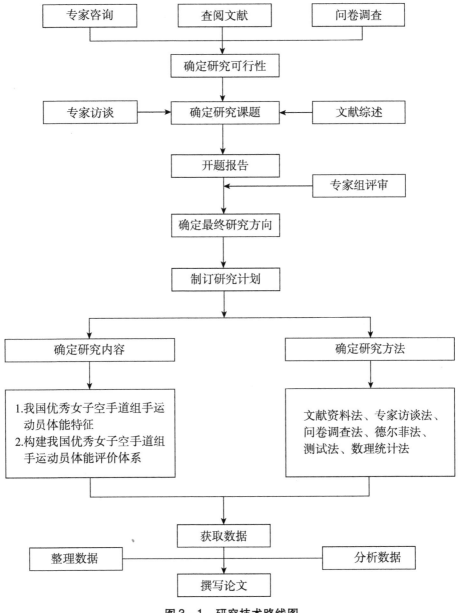

3.3 研究技术路线图

图 3 - 1 为研究技术路线图。

图 3 -1 研究技术路线图

4 结果与分析

4.1 空手道组手运动员体能特征的理论基础

4.1.1 空手道组手运动员体能的概念及构成要素

从前文对体能概念的梳理可以看出，学者对体能概念及构成要素的认识和界定有着不同的理解。本研究在借鉴《运动训练学》教材中对体能概念解释的基础之上，结合空手道组手专项特点，将空手道组手运动员体能定义为：空手道组手运动员体能是空手道组手运动员在进行组手运动时承受负荷与适应环境的能力，是空手道组手运动员身体形态、生理机能和运动素质各方面专项化的综合体现，是明显不同于其他项目、影响空手道组手运动员竞技能力及运动成绩的关键部分。

从结构上来看，空手道组手运动员体能是由具有不同表现形式和不同作用的身体形态、生理机能和运动素质3大要素构成的。各个要素之间相互作用、相互渗透，构成具有特定功能的复杂动态系统。其中，运动素质是体能的外在表现，集中表现为力量、速度、耐力、灵敏、协调、柔韧、平衡等能力。

从功能上来看，运动素质是空手道组手运动员体能的外在综合表现，身体形态和生理机能是影响运动素质的基础条件。运动素质的发展也会对身体形态和生理机能产生一定的影响。

由此可知，空手道组手运动员体能是由身体形态、生理机能和运动素质构成的一个多维度、多层次的有机系统，各个要素之间是相互联系、相互制约的，任何一个要素发生变化，都会影响整个系统功能的发展（图4-1）。

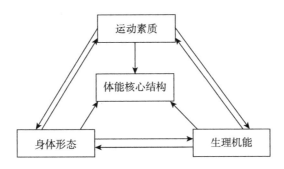

图 4-1 空手道组手运动员体能结构示意图

4.1.2　空手道组手比赛形式

空手道项目按照比赛形式分为两大部分，即型和组手。型是根据空手道攻防格斗的技法和各流派的特点创编而成的套路演练，在表现形式上类似于武术中的套路比赛。组手是同性别、同级别的双方运动员在规定的时间和空间内，在竞赛规则的限定内，运用允许的技术进行攻防格斗的竞技运动，在表现形式上类似于武术中的散打比赛。组手比赛时长为成年男子每场3min，成年女子每场2min，每场比赛一回合。组手比赛按照性别、体重级别进行划分。2020年东京奥运会以及2017年天津全运会将男子组手级别划分为 -67kg、-75kg 和 +75kg，将女子组手级别划分为 -55kg、-61kg 和 +61kg。（表4-1）

表 4-1 空手道比赛项目表

名称	比赛类型	表现形式	比赛时间	级别	得分方式
组手	个人赛（奥运会）、团体赛	对抗	男子 3min 女子 2min	男子 -67kg、-75kg、+75kg 女子 -55kg、-61kg、+61kg	根据不同技术的有效击打分别判分
型	个人赛（奥运会）、团体赛	演练	—	—	根据运动员临场动作表现进行打分

4.1.3　空手道组手项目特征

只有正确认识事物的特有属性，才能准确把握事物的发展方向。对于竞技体育来说，只有深入了解和认识项目的专项特征、把握项目的训练规律、提高对项目的认知层次，才能快速、有效地提高运动训练水平。如果不能准确认识项目的专项特征，运动训练就如同失去了目标，难以保证运动训练高质量地进行。因此，认识项目的专项特征，是项目选材、训练和科研的起点。空手道组手项目特征决定了该项目运动员所需要具备的运动能力，即空手道组手运动员所需要的体能。因此，深入地分析空手道组手项目特征是挖掘该项目体能特征的理论基础和逻辑起点。本研究将从竞赛规则特征、比赛节奏特征和技术动作特征等方面对空手道组手项目特征进行分析，为我国优秀女子空手道组手运动员体能评价体系的构建提供理论依据。

4.1.3.1 竞赛规则特征

竞赛规则是区别一个项目与其他项目的客观标准，是决定一个项目选材、训练和比赛的出发点。因此，深入研究项目竞赛规则是构建组手运动员体能评价体系的基本理论前提。本研究以 WKF《空手道竞赛规则》为参考，对女子组手（个人赛）竞赛规则特征进行分析。

（1）比赛时间与场地。

从女子组手比赛时间上来看，成年女子组手比赛每场 2min，每场比赛仅一回合。与跆拳道、拳击等项目不同，组手比赛采用每场单回合制决出胜负。因此，女子组手运动员需要在这 2min 之内，完成比分的领先或比赛的胜利。另外，组手比赛是在一个 8m×8m 的正方形区域内进行的，在比赛中如果运动员的移动范围超过了这个区域，就会被判罚犯规。因此，组手运动员需要利用有限的空间和时间合理地安排技战术的运用。

（2）得分判定标准。

由表 4-2 可见，组手比赛得分分为 1 分、2 分和 3 分，可以体现出组手比赛得分途径的多样性，从侧面也可以看出组手竞赛规则要求运动员具备全面、多样的得分技法，包括上肢的拳法、下肢的踢法，以及近身后的摔法。因此，从得分技法上来讲，组手运动员在进行体能训练时，要兼顾上肢－下肢－躯干的全面发展，注重整体灵敏协调能力的训练。

表4-2 组手比赛得分判定规则

得分种类	得分要素	允许击打部位	有效技术	技术标准
一本 （3分）	1. 良好的姿势； 2. 竞技的态度； 3. 刚劲有力的技术应用； 4. 警戒的状态； 5. 好的时机把握； 6. 正确的距离	面部、头部、颈部、腹部、胸部、背部、胸腹侧面	1. 上段踢技； 2. 施展在被摔倒或已倒地的对手身上的任何有效的技术动作	1. 上段踢，上段的定义是面部、头部和颈部； 2. 任何一个有效的得分技术施加于被摔倒、自己滑倒或处于任何不能以双脚支撑自己平衡状况下的对手上
有技 （2分）			中段踢技	中段踢，中段的定义是腹部、胸部、背部和胸腹侧面
有效 （1分）			1. 中段或上段的冲拳； 2. 上段或中段的击打技	1. 任何冲拳技术（Tsuki）施加于7个有效得分部位中的任何一个部位； 2. 任何击打技术（Uchi）施加于7个有效得分部位中的任何一个部位

注：内容摘自WKF《空手道竞赛规则》。

另外，组手比赛的得分要素要求运动员得分技术刚劲有力，体现了竞赛规则对运动员技术动作的力量和速度的高要求。"正确的距离"是指在该距离下运动员的技术动作达到最佳的攻击效果。竞赛规则明确指出：一次冲拳和腿法的攻击技术被控制在距离面部、头部或颈部5cm处，被视为"正确的距离"。这要求运动员在具备良好的力量、速度和进攻意识的同时，还需要掌握对技术动作的准确控制能力。组手比赛中"控制"的特点是该项目区别于其他项目的明显标志。从空手道组手专项的角度来分析，"控制"的本质表现为肢体动作的迅速启动、加速和减速的过程，是肌肉由离心收缩快速转变为向心收缩的过程。因此，从以上竞赛规则特点来看，组手运动员应该具备全身的灵敏协调能力，出色的快速力量、反应速度、动作速度以及肢体制动的能力。

（3）胜负判定标准。

从组手比赛胜负判定标准（个人赛）来看（图4-2），判定比赛胜负的方式主要有以下几种：优势胜，领先胜，对手犯规、失格和弃权胜等。若比赛时间结束时双方比分相同，则会按照"先得分优势"进行判定。所谓"先得分优势"，是指当比赛时间结束时双方比分仍然相同，就判定比赛开始后首先获得有效得分的一方获胜。该判定方式在一定程度上鼓励了运动员主动进攻、打好开局的战术意识，同时在一定程度上提高了比赛的激烈程度。如果双方运动员在比赛时间结束以后，均没有获得有效得分，裁判员就会依据运动员在比赛中的临场表现进行判定，主要包括运动员的态度、斗志和力量，战术优势和技巧娴熟度，占据赛场的主动等行为。因此，从判定胜负的标准上来看，在双方比分相同的情况下，主动进攻的意识、充沛的体能、良好的比赛状态、出色的力量和速度、熟练的技术便是运动员获得比赛胜利的关键所在。

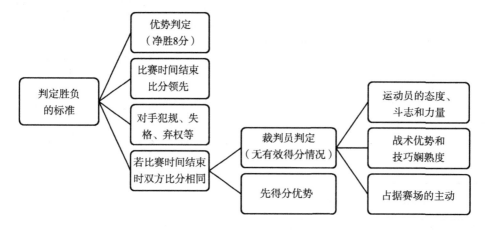

图4-2　组手比赛胜负判定标准（个人赛）

4.1.3.2　比赛节奏特征

比赛节奏可以决定项目的能量供应特点。组手属于典型的间歇性运动，整个比赛由短暂且高强度的攻防阶段、稍低强度的相持阶段以及低强度的暂停阶段组成。其中短暂且高强度的攻防阶段主要表现为快速的启动、进攻和防守；稍低强度的相持阶段主要表现为步法的灵活移动、身体重心和肢体动作的不断改变；低强度的暂停阶段是由于一方运动员得分、犯规、受伤或判罚存在争议等情况，由裁判员暂停比赛而产生的双方运动员都可以利用的间歇。攻防阶段由于时间短、速度快，整个过程最短持续不足1s，由磷酸原直接供能完成这个阶段的运动。相持阶段的运动强度根据不同运动员的特点，变化幅度较大，持续时间一般为6~10s，供能形式以磷酸原、糖酵解和有氧代谢的混合供能为主。暂停阶段由于双方运动员要回到各自的准备位置，身体基本处于静止状态，运动强度降至最低，能量来源主要是有氧代谢供能。由于组手竞赛规则的特点，在整个比赛中攻防、相持和暂停3个阶段会交替出现。运动强度也会根据比赛阶段出现高-中-低的交替。因此，从比赛节奏上来看，组手是一项典型的不规则间歇性运动，而比赛节奏决定着项目的能量供应特点。组手比赛攻防阶段时间虽然短暂，却是取得比赛胜利的关键所在。从比赛节奏上来分析，磷酸原供能是影响组手运动员竞技能力的关键。

4.1.3.3　技术动作特征

（1）快速性。

组手技术动作的一个明显特征是快速性，主要表现为动作的快速启动、位移和制动能力。组手比赛是对首先获得有效得分的一方运动员进行得分判定的，无论技术动作分值的大小，仅按照得分先后进行判定。另外，通过上文对组手比赛得分要素的分析可以看出，只有具有足够的力量和速度的技术动作才会被判定有效得分。因此，运动员在进攻路线上往往选择路径较短的直线技术，技术动作上也会运用幅度小、速度快、隐蔽性强的拳法，为的就是能够在最短的时间内先击打到对方的有效部位。

（2）控制性。

技术动作的控制性是空手道组手区别于跆拳道、散打、拳击等同为格斗对抗类项目的最大不同，空手道国家队更是将"快""准""连""变""控"作为日常空手道训练的五字方针，可见控制在组手项目中的重要性。通过对空手道专业教练员的访谈可知，几乎所有的教练员都认为"控制性"是组手比赛中最大的特征。这种控制性特征体现在将技术动作的效果发挥到最好，同时能充分保护对手，不发生过度的接触。我国首位空手道世锦赛冠军李红认为，对控制能力的把握，是区别高水平运动员和一般运动员的重要标志。影响这种控制能力的因素有很多，根据专家访谈的内容可以总结为以下几点：①运动员对本专项技术动作掌握的熟练程度；②运动员神经系统对肌肉的支配能力；③运动员肢体及肌肉的协调能力；④运动员对合适距离的判断能力。因此，控制性是组手技术动作的一个典型特征，在体能指标的选择中要充分考虑这一特征。

（3）多样性。

组手技术动作的多样性主要体现在其技术体系的复杂性上（图4-3）。组手技术体系可以划分为基本站姿、基本步法、进攻技术、防守技术和反击技术。其中，基本站姿分为实战式和准备式；基本步法可以分为上步、撤步、前滑步、后滑步、垫步、侧滑步、跳换步；进攻技术可以分为拳法、腿法和摔法三大类；防守技术可以分为接触性防守和非接触性防守；反击技术是一种复合技术，是进攻技术和防守技术的综合体现。在比赛中，各个技术之间不是独立存在的，而是组合与衔接的，如步法与拳法的组合、拳法与腿法的组合、摔法与拳法的组合等。因此，从组手技术体系的角度来讲，组手技术动作存在明显的多样性特征。组手技术动作的多样性要求本研究在构建体能评价体系的过程中充分考虑这一特征，兼顾上、下肢的技术动作评价，体现组手技术动作的多样性特征。

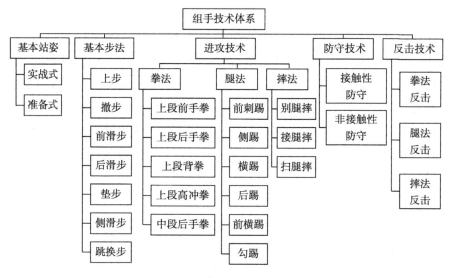

图 4-3　组手技术体系图

（4）准确性。

组手技术动作的准确性主要体现在两个方面。①击打部位的准确性。组手竞赛规则明确规定，有效得分部位为面部、头部、颈部、腹部、胸部、背部和胸腹侧面 7 个部位。运动员需要采用合理的技术对有效得分部位进行准确击打才能够得分。②与控制性特征相似，组手比赛要求运动员准确控制技术动作的击打距离和力度。因此，在针对空手道组手项目构建体能评价体系的过程中，要体现技术动作的准确性。

4.1.4　小结

综上所述，空手道组手项目是一项同性别、同级别的双方运动员在规定的时间和空间内，通过相互击打获得有效得分取得比赛胜利的格斗对抗类项目。从项目特征的角度分析，组手项目在竞赛规则、比赛节奏和技术动作等方面具有明显的专项特征。组手项目在竞赛规则方面主要表现为比赛时间与场地限制、明确的得分判定标准及胜负判定标准几个方面；在比赛节奏上表现出明显的不规则间歇性特征；在技术动作上表现为快速性、控制性、多样性和准确性几个主要特征。本研究以运动训练学理论为基础，充分结合以上几个专项特征，以专项特征为基本前提和依据，展开对空手道组手项目体能特征及评价体系构建的研究。

4.2 我国优秀女子空手道组手运动员体能特征研究

本研究对空手道组手运动员体能特征的探索思路主要围绕以下几个步骤。①通过前期查阅文献与专家访谈，尽可能收集全面的、能够反映空手道组手专项特征的测试指标，并按照身体形态、生理机能和运动素质 3 个维度构建体能评价体系，形成体能评价指标调查问卷。②于 2016 年全国空手道冠军赛期间将调查问卷发放给 37 名教练员和裁判员，采用"5 分制"量表的形式进行打分，并换算成最终得分，挑选出最终得分在 4.0 以上的指标。③将指标进行整理，编制成专家评议表，分两轮发放给专家进行评议，整理两轮的专家评议结果，对指标进行调整和修改，最终确定本研究的测试指标。

4.2.1 我国优秀女子空手道组手运动员身体形态特征

4.2.1.1 不同水平女子空手道组手运动员身体形态测试结果与分析

根据查阅文献以及调查问卷结果得出，优秀女子空手道组手运动员身体形态需要具备四肢较长、身高与体重呈恰当比例、肩宽、体脂百分比较低、瘦体重大等特点。为了进一步定量地描述我国优秀女子空手道组手运动员身体形态特征，本研究在专家评议的基础之上，筛选出了反映我国优秀女子空手道组手运动员身体形态特征的典型指标并对运动员进行测试，其中包括长度、宽度、围度和身体充实度 4 个方面的 13 项原测指标与 8 项派生指标。不同水平女子空手道组手运动员身体形态原测指标比较见表 4 - 3。

表 4 - 3 显示：优秀组运动员在肩宽与瘦体重 2 项指标上与一般组运动员存在显著性差异（$P < 0.05$），在上肢长、上臂紧张围、上臂围差、体脂百分比 4 项指标上与一般组运动员存在显著性差异（$P < 0.01$），在其他指标上与一般组运动员均无显著性差异（$P > 0.05$）。

表4-3 不同水平女子空手道组手运动员身体形态原测指标比较

指标	优秀组 ($n = 36$)	一般组 ($n = 32$)	F	P
身高/cm	171.14 ± 6.46	170.43 ± 5.25	1.515	> 0.05
体重/kg	60.18 ± 6.28	60.14 ± 5.45	1.357	> 0.05
上肢长/cm	76.38 ± 3.52	74.04 ± 2.22	5.114	< 0.01
肩宽/cm	38.84 ± 1.82	37.50 ± 1.07	8.504	< 0.05
腰围/cm	82.66 ± 3.00	83.25 ± 2.49	1.329	> 0.05
臀围/cm	109.13 ± 4.73	108.77 ± 3.45	2.734	> 0.05
腰臀比	0.76 ± 0.02	0.77 ± 0.01	16.734	> 0.05
上臂紧张围/cm	30.83 ± 1.24	29.51 ± 0.83	2.787	< 0.01
上臂放松围/cm	27.48 ± 1.03	27.08 ± 0.81	1.620	> 0.05
上臂围差/cm	3.15 ± 0.50	2.21 ± 0.55	0.174	< 0.01
体脂百分比/%	19.40 ± 1.98	23.55 ± 1.22	3.553	< 0.01
瘦体重/kg	48.43 ± 4.52	45.61 ± 3.65	1.942	< 0.05
克托莱指数	349.07 ± 28.18	348.87 ± 30.36	0.030	> 0.05

上肢长是指肩峰点外侧缘至中指末端的距离，是反映上肢发育程度的重要指标。优秀组运动员的上肢长较一般组运动员具有显著性差异（$F = 5.114$，$P < 0.01$）。较长的上肢可以加大动作幅度，扩大动作影响范围，增加用力的工作距离，获得有利的进攻距离。从空手道组手比赛特点来看，拳法得分在比赛中占有重要的比例，是高水平空手道组手运动员主要的进攻方式。另外，空手道组手比赛对首先运用有效技术得分的一方运动员进行得分判定，而较长的上肢在进攻过程中具有首先接触到对方有效得分部位的优势，在防守过程中也更利于控制与对手的距离。具备较长的上肢可以为组手运动员更好地发挥技战术水平提供良好的形态学基础。因此，上肢较长是优秀女子空手道组手运动员身体形态特征之一。

肩宽是指左右肩峰点的水平距离，是反映上肢肩带骨骼、肌肉发育程度的重要指标，肩宽与上肢肩带的力量密切相关，且受遗传因素影响较小。优秀组运动员在肩宽上较一般组运动员表现出显著性差异（$F = 8.504$，$P < 0.05$）。空手道进攻技术由拳法、腿法和摔法构成，较大的肩宽在一定程度上令运动员拥有更好的上肢力量，更有利于运动员完成快速有力的拳法和摔法等上肢技术动作。同时，在采用防守技术时，较好的上肢力量更有利于破坏对手的进攻动作。

上臂紧张围是指受试者举起手臂约45°角斜平举，掌心向上握拳并用力屈肘，肱二头肌凸起部分的水平围长。上臂放松围是指放松状态下肱二头肌最粗处的水平围长。上臂围差（上臂紧张围与上臂放松围的差）则是直接反映上肢力量、间接反映全身肌肉弹性好坏和收缩力量大小的通用指标，而肌肉弹性和收缩力量可以间接反映肌肉爆发力的大小。优秀组运动员的上臂紧张围与一般组运动员相比呈现显著性差异（$F = 2.787$，$P < 0.01$），优秀组运动员的上臂围差与一般组运动员相比呈现显著性差异（$F = 0.174$，$P < 0.01$），而优秀组运动员的上臂放松围与一般组运动员之间无统计学意义（$P > 0.05$）。优秀组运动员具有较大的上臂紧张围与上臂围差，在一定程度上说明优秀组运动员具备更好的上肢力量和肌肉爆发力，更有利于运动员在比赛中完成拳法快速击打和回收。从空手道组手比赛中不难看出，优秀组运动员往往具备惊人的出拳速度和击打效果。因此，上臂紧张围与上臂围差是优秀空手道组手运动员身体形态的典型指标。

优秀组运动员在体脂百分比上与一般组运动员存在显著性差异（$F = 3.553$，$P < 0.01$），在瘦体重上与一般组运动员存在显著性差异（$F = 1.942$，$P < 0.05$）。优秀组运动员的体脂百分比为 $19.40\% \pm 1.98\%$，明显低于一般组运动员的 $23.55\% \pm 1.22\%$，而优秀运动员的瘦体重为 48.43 ± 4.52kg，明显大于一般组运动员的 45.61 ± 3.65kg。优秀组运动员的体脂百分比较低而瘦体重较大主要有以下几个原因：①空手道组手是按照体重级别划分进行比赛的格斗对抗类项目，运动员保持一个相对合理的体重是其参与正常训练以及在比赛中取得优异成绩的重要保障；②空手道组手与摔跤、跆拳道、拳击等项目同属于技能主导格斗对抗类项目，较低的体脂百分比和较大的瘦体重有利于运动员保持相对较高的运动水平。大量文献和研究结果表明，体脂百分比、瘦体重与无氧、有氧代谢供能密切相关，其瘦体重越大，体脂百分比越低，则力量越大，爆发力越强，无氧代谢供能水平越高，机体抗击打能力越强。这些都与空手道组手项目特点密切相关。因此，从空手道组手项目特点来看，运动员需要具备相对较低的体脂百分比和较大的瘦体重来满足快速攻防的比赛需求。

如图4-4所示，将本研究中的体脂百分比与同为格斗对抗类项目的摔跤、柔道、拳击、散打和跆拳道研究结果相比发现，优秀女子空手道组手运动员在体脂百分比上高于优秀女子摔跤、柔道运动员，略低于优秀女子拳击、散打运动员，与优秀女子跆拳道运动员接近，说明在体脂百分比上，与优秀女子摔跤、柔道运动员相比，我国优秀女子空手道组手运动员仍存在较大的提升空间。

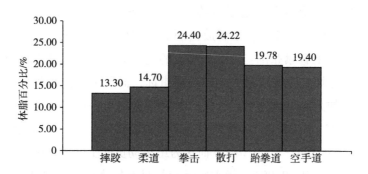

图4-4 同项群不同项目优秀女子运动员体脂百分比统计图

4.2.1.2 不同体重级别优秀女子空手道组手运动员身体形态测试结果与分析

由于空手道组手是按照体重级别划分进行比赛的格斗对抗类项目,因此,本研究在征求专家意见的前提下,参照2020年东京奥运会及2017年天津全运会女子空手道组手比赛体重级别设定方式,将优秀组测试对象划分为女子 $-55\mathrm{kg}$、$-61\mathrm{kg}$ 和 $+61\mathrm{kg}$ 3个级别。将这3个级别的测试数据录入 SPSS 17.0 软件,并对数据进行单因素方差分析,发现除腰臀比、上臂围差和体脂百分比无统计学意义 ($P > 0.05$) 外,包括长度、宽度、围度和身体充实度在内的其他各项原测指标均表现出显著性差异 ($P < 0.01$)。具体表现为:在长度和宽度指标上,随着体重级别的上升,身高、上肢长和肩宽都随之增加;在围度指标上,腰围、臀围、上臂紧张围、上臂放松围都明显增加,但是各个体重级别腰臀比、上臂围差无明显变化;在身体充实度指标上,瘦体重和克托莱指数明显增加,但是体脂百分比维持在一个稳定的变化范围,说明不同体重级别优秀女子空手道组手运动员随体重级别的上升,更多的是身体肌肉含量的增加,体脂没有明显增加。(表4-4)

由此可见,随着体重级别的上升,我国优秀女子空手道组手运动员身体形态指标也发生较为明显的增长,具体表现为 $-55\mathrm{kg} < -61\mathrm{kg} < +61\mathrm{kg}$,且随着体重级别的上升,各项指标在差异性上也表现得更加明显。

表 4 - 4　不同体重级别优秀女子空手道组手运动员身体形态原测指标比较

指标	-55kg ($n=13$)	-61kg ($n=12$)	+61kg ($n=11$)	F	P
身高/cm	166.92 ± 5.90	172.00 ± 3.56	177.18 ± 3.50	14.35	<0.01
体重/kg	53.29 ± 3.11	61.13 ± 1.51	67.29 ± 2.03	98.53	<0.01
上肢长/cm	74.65 ± 2.24	76.83 ± 2.78	80.12 ± 1.77	15.38	<0.01
肩宽/cm	38.77 ± 1.26	39.70 ± 1.01	41.48 ± 2.78	6.22	<0.01
腰围/cm	80.83 ± 2.81	82.47 ± 1.50	85.56 ± 1.51	17.08	<0.01
臀围/cm	105.38 ± 3.66	108.38 ± 2.07	112.18 ± 2.35	15.87	<0.01
腰臀比	0.76 ± 0.01	0.76 ± 0.01	0.76 ± 0.01	0.759	>0.05
上臂紧张围/cm	29.74 ± 0.71	30.73 ± 0.78	31.82 ± 0.78	20.75	<0.01
上臂放松围/cm	26.72 ± 0.54	27.55 ± 0.51	28.51 ± 0.58	17.137	<0.01
上臂围差/cm	3.02 ± 0.54	3.18 ± 0.40	3.31 ± 0.40	1.158	>0.05
体脂百分比/%	17.51 ± 0.77	17.98 ± 1.14	18.67 ± 1.43	2.89	>0.05
瘦体重/kg	43.96 ± 2.60	50.14 ± 1.47	54.72 ± 1.48	83.862	<0.01
克托莱指数	319.44 ± 18.91	355.55 ± 12.08	379.58 ± 8.09	50.54	<0.01

为了减少体重、身高等因素对不同体重级别优秀女子空手道组手运动员身体形态特征的影响，本研究在征求专家意见及查阅文献的基础之上，采用派生指标对不同体重级别优秀女子空手道组手运动员身体形态进行比较。在 -55kg、-61kg 和 +61kg 3 个级别的身体形态派生指标中，上肢长/身高、肩宽/身高、上臂围差、体脂百分比和腰臀比均未表现出显著性差异（$P>0.05$），而瘦体重指数、BMI 和克托莱指数则表现出显著性差异（$P<0.01$）。从派生指标的变化特点来看，反映身体长度、宽度、围度以及体脂含量的指标随着体重级别的上升并未表现出显著性差异（$P>0.05$），而反映身体充实度、肌肉含量的指标（如瘦体重指数、BMI 和克托莱指数）随体重级别的上升呈现明显的增加。由此可见，优秀女子空手道组手运动员随着体重级别的上升，在长度、宽度和围度上仍然保持一个恰当的比例，而在肌肉含量、身体充实度、粗壮程度上有明显的增加。（表 4 - 5）

表4-5 不同体重级别优秀女子空手道组手运动员身体形态派生指标比较

指标	-55kg ($n=13$)	-61kg ($n=12$)	+61kg ($n=11$)	F	P
上肢长/身高×100	44.73±0.70	44.65±0.82	45.22±0.80	1.476	>0.05
肩宽/身高×100	23.23±0.51	23.09±0.53	23.39±1.29	0.336	>0.05
上臂围差/cm	3.02±0.54	3.18±0.40	3.31±0.40	1.158	>0.05
体脂百分比/%	17.51±0.77	17.98±1.14	18.67±1.43	2.89	>0.05
腰臀比	0.76±0.01	0.76±0.01	0.76±0.01	0.759	>0.05
瘦体重指数	15.82±1.24	16.97±0.92	17.42±0.65	8.00	<0.01
BMI	19.17±1.45	20.69±1.07	21.44±0.59	11.766	<0.01
克托莱指数	319.44±18.91	355.5±12.08	379.7±8.50	51.28	<0.01

注：腰臀比=腰围/臀围；瘦体重指数=瘦体重/身高^2；BMI=体重/身高^2；克托莱指数=体重/身高×1000。

经过与专家讨论，组手运动员出现这种形态学特征是由其专项特征造成的。从能量代谢的角度来看，组手运动员需要具备良好的无氧、有氧代谢能力，这就要求组手运动员在形态上具有较低的体脂百分比和较大的瘦体重。从技术特点的角度来看，组手项目包括拳法、腿法和摔法三大技法，既有打点类项目（跆拳道、拳击）的特点，又有制服类项目（摔跤、柔道）的特点。因此，组手运动员在形态学上要具有一个较为匀称的体型，对身体长度过度要求不利于摔法技术的施展，单纯地追求肌肉围度或者低重心则不利于拳法和腿法技术的施展。从运动素质的角度来看，组手运动员在力量、速度、协调、灵敏等素质上均有较高的要求，身体形态过于单一化发展往往会造成运动素质发展的不均衡。因此，从专项特征角度出发，本研究中不同体重级别优秀女子空手道组手运动员身体形态特征研究结果较为符合优秀女子空手道组手运动员在形态学上的要求。

通过查阅文献，将我国与世界优秀女子-55kg组手运动员部分身体形态指标进行对比分析（表4-6），结果显示，我国优秀组运动员相比于世界优秀组运动员在身高上存在明显的优势，我国优秀组运动员在该级别的身高为166.92±5.90cm，而世界优秀组运动员在该级别的身高仅有159.50±0.30cm。相反，我国优秀组运动员与世界优秀组运动员在BMI和克托莱指数上却存在一定的差距。通过对世界空手道比赛录像的观看也可以直观感受到，我国空手道组手运动员在身高上存在明显优势，但是在身体充实度上与世界优秀空手道组手运动员相比仍存在一定差距。部分教练员认为，我国空手道运动员大部分由跆拳道运动员挑选而来，身材较为高挑，但略显单薄，这种身体充实度上的差距，有可能是导致我国空手道组手运动员在比赛中对抗能力相对较弱的主要原因。

表4-6 我国与世界优秀女子-55kg组手运动员部分身体形态指标对比

指标	我国优秀组（$n=11$）	世界优秀组（$n=3$）	P
身高/cm	166.92 ± 5.90	159.50 ± 0.30	<0.01
体重/kg	53.29 ± 3.11	54.8 ± 2.80	>0.05
BMI	19.17 ± 1.45	21.68 ± 1.03	<0.01
克托莱指数	319.44 ± 18.91	344.65 ± 14.44	<0.01

4.2.2 我国优秀女子空手道组手运动员生理机能特征

4.2.2.1 不同水平女子空手道组手运动员生理机能测试结果与分析

不同水平女子空手道组手运动员生理机能测试指标比较见表4-7。

表4-7 不同水平女子空手道组手运动员生理机能测试指标比较

指标	优秀组（$n=36$）	一般组（$n=32$）	F	P
最大摄氧量/（L·min^{-1}）	2.95 ± 0.30	2.59 ± 0.38	0.265	<0.01
相对最大摄氧量/[mL·（kg·min）$^{-1}$]	49.08 ± 2.38	43.05 ± 4.46	42.857	<0.01
最大无氧功率/W	656.88 ± 45.59	576.47 ± 30.90	2.037	<0.01
相对最大无氧功率/（W·kg^{-1}）	11.03 ± 1.32	9.63 ± 0.74	3.601	<0.01
平均无氧功率/W	455.26 ± 47.19	346.52 ± 36.82	1.661	<0.01
相对平均无氧功率/（W·kg^{-1}）	7.65 ± 1.17	5.79 ± 0.68	4.585	<0.01
功率下降率/%	28.22 ± 3.41	28.05 ± 4.49	1.513	>0.05
血红蛋白/（g·L^{-1}）	125.74 ± 5.57	125.86 ± 5.36	0.097	>0.05
红细胞计数/（10^{12}·L^{-1}）	4.31 ± 0.06	4.29 ± 0.04	2.448	>0.05
血清睾酮/（ng·dL^{-1}）	48.58 ± 10.17	40.78 ± 14.53	5.291	<0.05
血尿素/（mmol·L^{-1}）	5.25 ± 0.74	5.24 ± 0.92	1.926	>0.05

根据表4-7所示，优秀组运动员在最大摄氧量、相对最大摄氧量、最大无氧功率、相对最大无氧功率、平均无氧功率和相对平均无氧功率上与一般组运动员相比呈现显著性差异（$P<0.01$），在血清睾酮上呈现显著性差异（$P<0.05$），在功率

下降率、血红蛋白、红细胞计数和血尿素上无显著性差异（$P > 0.05$）。

无氧代谢能力是指运动中人体通过无氧代谢途径提供能量进行运动的能力。它由两部分组成：一部分是磷酸原供能，主要用于短时间、高效率的运动；另一部分是糖酵解供能，是速度耐力的基础。在实践中，通常采用无氧功率来评定运动员的无氧代谢能力。大量文献表明，Wingate 无氧功率测试是目前评定运动员无氧代谢能力较为有效的手段之一。本研究采用了同样的方法对空手道组手运动员的无氧代谢能力进行了测试。从指标的测试结果上来看，得出以下结论：

（1）优秀组运动员最大无氧功率为 656.88 ± 45.59W，相对最大无氧功率为 11.03 ± 1.32W/kg，而一般组运动员最大无氧功率为 576.47 ± 30.90W，相对最大无氧功率为 9.63 ± 0.74W/kg，说明优秀组运动员短时间内单位体重的做功能力更强，即爆发力更强。

（2）优秀组运动员平均无氧功率为 455.26 ± 47.19W，相对平均无氧功率为 7.65 ± 1.17W/kg，高于一般组运动员平均无氧功率 346.52 ± 36.82W，相对平均无氧功率 5.79 ± 0.68W/kg，而优秀组运动员与一般组运动员功率下降率无显著性差异，说明优秀组运动员保持高功率的能力更强。因此，无氧代谢能力是区别优秀运动员与一般运动员的重要生理机能标志之一，同时也是评价女子空手道组手运动员体能水平的典型指标之一。

最大摄氧量是指人体在进行大量肌肉群参加的长时间剧烈运动中，当心肺功能和肌肉利用氧的能力达到人体极限水平时，单位时间内所能摄取的氧量。最大摄氧量是评定人体有氧代谢能力的重要指标之一。对于按照体重级别划分进行比赛的项目来讲，相对最大摄氧量的意义更大。在本研究中，优秀组运动员最大摄氧量为 2.95 ± 0.30L/min，相对最大摄氧量为 49.08 ± 2.38mL/（kg·min），一般组运动员最大摄氧量为 2.59 ± 0.38L/min，相对最大摄氧量为 43.05 ± 4.46mL/（kg·min），优秀组运动员与一般组运动员在有氧代谢能力上呈现出显著性差异（$P < 0.01$），说明优秀组运动员有氧代谢能力强于一般组运动员。

从对国内空手道一线教练员的访谈可知，虽然空手道组手不属于耐力型项目，但是有氧代谢能力却是空手道组手运动员保持良好竞技状态、取得比赛优异成绩的重要保证因素。女子空手道组手比赛每场 2min，且同一个级别冠军需要在一天之内角逐出来，进入决赛的运动员一般需要进行 4 或 5 场的比赛。这对运动员体力提出了非常高的要求。大量研究表明，良好的有氧代谢能力具有提高机体的整体供能水平、加快机体疲劳的消除、清除体内的乳酸堆积的作用。另外，从能量代谢整体系统的角度来看，不同的项目在能量代谢上存在主次之分，但是并不意味着就要忽视或者放弃某种供能系统的训练。空手道组手比赛节奏激烈，需要良好的无氧代谢能力来完成快速比赛的得分动作，但是这种较高的无氧代谢能力需要相应的有氧基础的支持，才能突出专项能力。

血清睾酮是一种雄性激素，具有促进体内核酸与蛋白质的合成、促进肌纤维细胞和骨骼的生长、加强磷酸肌酸的合成、促进红细胞生成素的生成的作用。血清睾酮既是格斗对抗类项目运动员机能评定的敏感指标之一，也是教练员制订和调整训练计划的主要依据。优秀组运动员的血清睾酮为 48.58 ± 10.17ng/dL，高于一般组运动员的 40.78 ± 14.53ng/dL，具有显著性差异（$F = 5.291$，$P < 0.05$）。有证据表明，血清睾酮水平与运动员最大力量、速度素质密切相关，基础血清睾酮浓度更高的运动员更能够承受大负荷训练，具有更好的恢复能力。一般认为，男性运动员保持在 580ng/dL 以上，女性运动员保持在 37ng/dL 以上的血清睾酮水平，是保持比较稳定的训练和竞技状态的基本条件之一。另外，有研究表明，血清睾酮水平与人体行为有密切关系，血清睾酮水平高的人群在选择运动项目时更倾向于选择格斗、对抗、冒险、刺激类项目。因此，无论是从生理机能角度还是从行为学角度来看，血清睾酮都是空手道组手运动员机能评定的典型指标之一。

4.2.2.2 不同体重级别优秀女子空手道组手运动员生理机能测试结果与分析

不同体重级别优秀女子空手道组手运动员有氧代谢能力比较见表 4-8。

表 4-8 不同体重级别优秀女子空手道组手运动员有氧代谢能力比较

指标	-55kg（$n=13$）	-61kg（$n=12$）	+61kg（$n=11$）	F	P
最大摄氧量/（L·min^{-1}）	2.64 ± 0.17	3.01 ± 0.20	3.25 ± 0.16	34.003	<0.01
相对最大摄氧量/[mL·(kg·min)$^{-1}$]	49.52 ± 1.31	49.29 ± 2.60	48.33 ± 2.17	0.992	>0.05

为了减少体重因素对优秀女子空手道组手运动员有氧代谢能力特征的影响，本研究对不同体重级别优秀女子空手道组手运动员的最大摄氧量进行了比较。从表 4-8 的统计结果来看，随着运动员体重级别的上升，各个级别最大摄氧量明显增加，呈现显著性差异（$F = 34.003$，$P < 0.01$）。虽然相对最大摄氧量女子 $-55kg > -61kg > +61kg$，但在统计学上并没有表现出显著性差异（$F = 0.992$，$P > 0.05$）。

不同体重级别优秀女子空手道组手运动员无氧代谢能力比较见表4−9。

表4−9　不同体重级别优秀女子空手道组手运动员无氧代谢能力比较

指标	−55kg（n=13）	−61kg（n=12）	+61kg（n=11）	F	P
最大无氧功率/W	595.31±22.40	665.02±30.47	715.95±22.64	65.032	<0.01
相对最大无氧功率/（W·kg⁻¹）	11.21±0.81	11.05±0.51	10.66±0.59	2.045	>0.05
平均无氧功率/W	352.47±18.86	380.17±14.56	427.27±24.76	39.957	<0.01
相对平均无氧功率/（W·kg⁻¹）	6.64±0.53	6.22±0.26	6.36±0.43	2.818	>0.05
功率下降率/%	24.39±2.11	24.70±1.54	25.58±1.77	1.215	>0.05

表4−9的统计结果显示，在各个级别的无氧代谢能力指标的单因素方差分析中，随着运动员体重级别的上升，最大无氧功率、平均无氧功率表现出显著性差异（$P<0.01$），而相对最大无氧功率、相对平均无氧功率、功率下降率在各个级别之间没有统计学意义（$P>0.05$）。

不同体重级别优秀女子空手道组手运动员血液生化指标比较见表4−10。

表4−10　不同体重级别优秀女子空手道组手运动员血液生化指标比较

指标	−55kg（n=13）	−61kg（n=12）	+61kg（n=11）	F	P
血红蛋白/（g·L⁻¹）	126.24±3.76	129.19±4.97	124.59±5.45	2.572	>0.05
红细胞计数/（10¹²·L⁻¹）	4.29±0.05	4.31±0.04	4.32±0.04	1.208	>0.05
血清睾酮/（ng·dL⁻¹）	50.40±6.62	49.21±8.28	51.18±6.67	0.199	>0.05
血尿素/（mmol·L⁻¹）	5.08±0.80	5.48±0.68	5.19±0.61	0.949	>0.05

表4−10的统计结果显示，随着运动员体重级别的上升，各个级别的血红蛋白、红细胞计数、血清睾酮、血尿素等血液生化指标均处于正常值范围内，且每个指标在各个级别中的单因素方差分析中均无显著性差异（$P>0.05$）。

4.2.3　我国优秀女子空手道组手运动员运动素质特征

运动素质是指在中枢神经系统的控制下，机体在运动时所表现出来的能力。它除包括力量、速度、耐力、柔韧等基本素质外，还包括灵敏、协调、平衡等复合素质。根据文献查阅结果，空手道组手运动员不仅要具备出色的下肢及全身爆发力、快速启动能力、下肢灵活性以及全身的灵敏协调能力，还要具备良好的无氧耐力和有氧能力以及髋关节柔韧性。从这个角度来看，空手道组手运动员需要具备全面的运动素质，特别是爆发力、灵敏性、协调性和力量耐力素质等。因此，结合空手道专项特点以及征求相关领域专家意见之后，本研究将立定跳远、30m 跑、前抛实心球、10s 连续后手中段冲拳、400m 跑、20s 拳拳组合、20s 拳腿组合、30s 迎击强度靶、1min 跳绳、10s 高抬腿 + 左右冲拳、4 × 10m 折返跑作为本研究的运动素质测试的最终指标。

4.2.3.1 不同水平女子空手道组手运动员运动素质测试结果与分析

将不同水平女子空手道组手运动员运动素质测试指标进行比较（表 4 − 11），一是为了探求优秀组运动员与一般组运动员在不同运动素质指标上的差异性，为今后的体能训练提供一定的理论借鉴；二是为了通过对产生差异性的指标进行分析，归纳出优秀女子空手道组手运动员在运动素质上存在的共性特征。将优秀组运动员与一般组运动员运动素质测试结果进行独立样本 t 检验，结果发现优秀组运动员与一般组运动员在立定跳远、30m 跑、前抛实心球 3 项指标上表现出显著性差异（$P <$ 0.05），在 10s 连续后手中段冲拳、400m 跑、20s 拳拳组合、20s 拳腿组合、30s 迎击强度靶、1min 跳绳、10s 高抬腿 + 左右冲拳 7 项指标上表现出显著性差异（$P <$ 0.01），但在 4 × 10m 折返跑指标上无统计学意义（$P >$ 0.05）。

表 4 − 11　不同水平女子空手道组手运动员运动素质测试指标比较

指标	优秀组（$n = 36$）	一般组（$n = 32$）	F	P
立定跳远/m	2.11 ± 0.11	2.03 ± 0.08	0.350	< 0.05
30m 跑/s	5.21 ± 0.18	5.35 ± 0.14	0.750	< 0.05
前抛实心球/m	6.77 ± 0.63	6.45 ± 0.73	0.450	< 0.05
10s 连续后手中段冲拳/次	15.44 ± 1.44	12.27 ± 1.65	0.674	< 0.01
400m 跑/s	75.89 ± 2.18	79.83 ± 2.91	0.272	< 0.01
20s 拳拳组合/次	15.11 ± 1.51	13.27 ± 1.06	0.208	< 0.01
20s 拳腿组合/次	13.97 ± 1.40	11.67 ± 1.45	0.474	< 0.01
30s 迎击强度靶/次	29.94 ± 2.55	27.74 ± 2.28	0.799	< 0.01
1min 跳绳/个	142.58 ± 17.84	119.00 ± 24.82	5.867	< 0.01
10s 高抬腿 + 左右冲拳/次	58.97 ± 4.46	54.13 ± 4.98	0.687	< 0.01
4 × 10m 折返跑/s	10.52 ± 0.22	10.63 ± 0.27	0.163	> 0.05

立定跳远是反映人体下肢爆发力的指标，是速度、力量和全身协调性的综合体现。30m 跑是反映人体下肢爆发力、启动速度和反应速度的指标。上述两个指标分别反映了空手道组手运动员下肢、躯干的爆发力以及全身协调发力的能力。优秀组运动员在这两个指标上均明显好于一般组运动员，说明下肢及全身爆发力水平对女子空手道组手运动员竞技水平起到关键作用。王卫星认为，爆发力就是短时间内最大做功的能力，用公式表示如下：

$$P = F \times S/T$$

式中，P——最大功率，即爆发力；F——肌肉力量；S——做功距离；T——做功时间。

因此，在技术动作轨迹一定的前提下，想要提高爆发力（P），就需要尽量增加肌肉力量（F），同时减少做工时间（T）。肌肉力量（F）取决于肌纤维横截面积、肌纤维类型、中枢神经系统兴奋性和肌肉内协调能力等多种因素。做功时间（T）取决于运动员反应速度、预判能力、技战术熟练程度和比赛经验等多种因素。空手道组手项目是按照体重级别划分进行比赛，若单纯地依靠提高肌纤维横截面积来增加肌肉力量，不但会造成体重增加，而且会由于肌纤维围度过大，导致肌肉内协调能力下降，效果适得其反。因此，从生物力学角度来看，空手道组手运动员应该通过提高肌肉内协调能力和中枢神经系统兴奋性、缩短反应时间、增加技战术储备和比赛经验来提高专项爆发力水平。

10s 连续后手中段冲拳、20s 拳拳组合、20s 拳腿组合、30s 迎击强度靶这几项指标贴近空手道组手项目的常用技术特点，能体现测试对象的专项快速力量和专项耐力。优秀组运动员在这 4 项指标上与一般组运动员相比存在显著性优势，说明专项快速力量和专项耐力是构成优秀女子空手道组手运动员体能特征的关键要素。

1min 跳绳、$4 \times 10m$ 折返跑是反映运动员上、下肢协调性和灵敏性的测试指标，而 10s 高抬腿 + 左右冲拳是结合空手道组手专项特征，反映专项灵敏协调能力的测试指标。测试结果显示，优秀组运动员与一般组运动员在 $4 \times 10m$ 折返跑指标上无统计学意义（$P > 0.05$），但是在 1min 跳绳和 10s 高抬腿 + 左右冲拳上表现出显著性差异（$P < 0.01$），说明对于女子空手道组手运动员来说，专项灵敏协调能力以及上、下肢协调性是影响其竞技水平的关键要素。

4.2.3.2 不同体重级别优秀女子空手道组手运动员运动素质测试结果与分析

为了更清晰地看到不同体重级别优秀女子空手道组手运动员运动素质的变化规

律，本研究将 36 名优秀女子空手道组手运动员按照全运会比赛级别分为 3 组，并对每组的测试数据进行单因素方差分析。（表 4 – 12）

表 4 –12　不同体重级别优秀女子空手道组手运动员运动素质比较

指标	−55kg（$n=13$）	−61kg（$n=12$）	+61kg（$n=11$）	F	P
立定跳远/m	2.09 ± 0.10	2.13 ± 0.18	2.11 ± 0.14	0.464	> 0.05
30m 跑/s	5.19 ± 0.15	5.24 ± 0.14	5.21 ± 0.24	0.242	> 0.05
前抛实心球/m	6.23 ± 0.80	6.79 ± 0.47	7.08 ± 0.42	5.884	< 0.01
10s 连续后手中段冲拳/次	15.38 ± 1.21	15.92 ± 1.71	15.00 ± 1.86	0.878	> 0.05
400m 跑/s	74.95 ± 2.00	74.03 ± 1.67	76.77 ± 2.54	4.684	< 0.01
20s 拳拳组合/次	15.00 ± 1.62	14.92 ± 1.55	15.45 ± 1.23	0.396	> 0.05
20s 拳腿组合/次	14.00 ± 1.66	14.25 ± 0.92	13.64 ± 1.43	0.522	> 0.05
30s 迎击强度靶/次	30.15 ± 2.32	30.25 ± 2.31	29.91 ± 2.61	0.056	> 0.05
1min 跳绳/个	150.4 ± 17.1	140.5 ± 17.3	135.4 ± 14.3	2.398	> 0.05
10s 高抬腿 + 左右冲拳/次	60.62 ± 4.32	61.33 ± 3.86	56.73 ± 4.05	3.840	< 0.05
4 × 10m 折返跑/s	10.47 ± 0.13	10.44 ± 0.13	10.65 ± 0.30	3.503	< 0.05

由表 4 – 12 可以发现，不同体重级别优秀女子空手道组手运动员在前抛实心球、400m 跑、10s 高抬腿 + 左右冲拳、4 × 10m 折返跑几项指标上出现了显著性差异（$P < 0.05$），在其余指标上并无统计学意义（$P > 0.05$）。前抛实心球的成绩受身高、体重因素影响较大，难以说明不同体重级别运动员爆发力的水平。其余 3 项指标反映运动员速度耐力和灵敏协调能力，说明随着体重级别的上升，优秀运动员在爆发力、最大力量、快速力量、力量耐力上无明显差异，而在速度耐力和灵敏协调能力上存在一定的差异性，表现为随着体重级别的上升，运动员速度耐力和灵敏协调能力呈下降的趋势。

400m 跑是反映运动员速度耐力的典型指标。从统计结果来看，在 400m 跑测试成绩上，女子 +61kg 与 −55kg 相比表现出显著性差异（$P < 0.05$），与女子 −61kg 相比表现出显著性差异（$P < 0.01$），女子 −55kg 与 −61kg 之间无统计学意义，说明优秀女子空手道组手运动员速度耐力表现为女子 −61kg > −55kg > +61kg。

10s 高抬腿 + 左右冲拳是反映运动员专项灵敏协调能力的指标。从统计结果来看，女子 −55kg 与 −61kg 之间无统计学意义（$P > 0.05$），而女子 +61kg 与 −55kg、−61kg 之间存在显著性差异（$P < 0.05$），说明女子 +61kg 在专项灵敏协调能力上弱于 −61kg 和 −55kg。

$4 \times 10m$ 折返跑是反映运动员下肢灵敏协调能力的指标。从统计结果来看，女子 $+61kg$ 与 $-55kg$、$-61kg$ 之间均存在显著性差异（$P < 0.05$），但是女子 $-55kg$ 与 $-61kg$ 之间无统计学意义（$P > 0.05$），说明随着体重级别的上升，女子 $+61kg$ 下肢灵敏协调能力出现下降。

4.2.4 小结

综上所述，与一般组运动员相比，我国优秀女子空手道组手运动员体能特征主要表现为以下几点：

（1）从身体形态上来看，优秀组运动员具有上肢较长、肩宽、上臂紧张围较大、上臂围差较大、体脂百分比较低、瘦体重较大的典型身体形态特征。随着体重级别的上升，优秀女子空手道组手运动员在长度、宽度、围度和身体充实度上都表现出来明显的增加，但是在身体长度比例、宽度比例、围度比例和体脂百分比上没有显著差异性，而在瘦体重指数和身体充实度上表现出明显的差异性，说明尽管空手道组手项目按照体重级别划分进行比赛，但是经过长期、系统的专项训练，不同体重级别仍然表现出各自的身体形态特征。

（2）从生理机能上来看，优秀组运动员具有较强的有氧代谢能力、无氧代谢能力，说明有氧代谢能力、无氧代谢能力是评价女子空手道组手运动员生理机能的典型指标。我国优秀女子空手道组手运动员血液生化指标的安静值在正常范围之内，其中优秀组运动员的血清睾酮高于一般组运动员，表明优秀组运动员的机体合成代谢能力较强，能够更好地承受高强度比赛和大负荷训练，具有良好的恢复能力。不同体重级别之间，随着体重级别的上升，最大摄氧量、最大无氧功率和平均无氧功率均呈现上升的趋势，但是相对最大摄氧量、相对最大无氧功率、相对平均无氧功率和血液生化指标无明显变化。

（3）从运动素质上来看，优秀组运动员主要表现为具备更加全面的运动素质，主要表现在较强的爆发力、专项快速力量、速度耐力、专项力量耐力、专项灵敏协调能力上。

从不同体重级别优秀女子空手道组手运动员指标的结果上来看，各个级别在爆发力、快速力量、力量耐力、柔韧性等指标上未表现出显著性特征，而在绝对最大力量上表现为随着体重级别的上升而增长的特征；女子大级别在灵敏协调能力和速度耐力上较女子中级别和女子小级别差。从不同体重级别的统计结果来看，女子 $-61kg$ 具备较为全面的运动素质，其次为女子 $-55kg$ 和女子 $+61kg$。

4.3 我国优秀女子空手道组手运动员体能评价体系的构建

4.3.1 体能评价体系构建的理论基础

"体系"是指若干事物或者某些意识相互关联而构成的整体。"评价"是指评定事物的属性或特征的价值，目的是在正确地解释事物现状的基础上，为改善现状和实现理想的目标而制定决策提供判断依据。所谓体能评价体系，是指体能中相互关联、相互作用的各个要素按照一定规律和特有方式有机结合的整体。我国优秀女子空手道组手运动员体能评价体系是以我国优秀女子空手道组手运动员体能发展水平为评价对象，以空手道组手专项特征为理论基础而构建的全面的评价体系，能对我国优秀女子空手道组手运动员体能各要素进行评价，从而为我国优秀女子空手道组手运动员体能发展水平的综合评定和科学的训练监控提供定量化依据。

4.3.1.1 评价体系的构成要素

一个完整的评价体系在结构上通常由评价指标、指标权重和评价标准3个部分组成。其中，评价指标是评价体系中的基本结构；指标权重是各个指标在整个评价体系中的重要程度，权重越大，说明指标重要程度越高；评价标准则是对评价对象进行价值判断的准则与尺度，可以分为评分评价标准和等级评价标准。（图4-5）

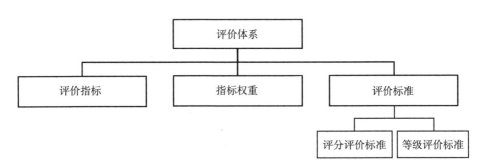

图4-5 评价体系的构成要素图

（1）评价指标。

指标是反映事物本质规律以及事物随时间变化规律的定量化信息。评价指标应具有如下特征：①具有明确的含义；②尽可能定量化和便于操作；③易于解释与说明；④高度概括和综合反映事物的本质特征；⑤是理论与实践的结合点。

本研究以运动训练学理论为基础，将体能评价指标分为身体形态、生理机能和运动素质 3 项一级指标，并根据空手道组手专项特征，设计二、三级指标，从而组成一个有层次性、结构性的有机的评价体系。

（2）指标权重。

权重是评价体系中各个指标的重要程度，是整个评价体系中非常重要的一部分。评价体系确定以后，由于各个指标在整个评价体系中的贡献率不同，为了发挥每个指标的作用，就需要对指标的重要程度，即贡献率进行判定和赋值。评价体系中各个指标的重要程度不同，每个指标都会对应一个权重系数。由于不同的事物存在不同的特点，即使是相同的指标在不同的评价体系中也可能被赋予不同的权重系数，因此设计出的指标评价权重也不完全相同。

（3）评价标准。

标准是衡量评价对象的尺度，是对事物进行价值评断的参照。评价标准是人为选择和制定的，能否对测试结果进行科学、有效的判定，与选择的标准有密切关系。因此，需要根据客观实际情况制定评价标准，评价标准过高或过低都会失去意义。评价标准可以分为单一指标评价标准和综合评价标准。

4.3.1.2 确定评价对象与目标

评价对象是整个评价活动的出发点，对不同的评价对象需要制定不同的评价方法和标准。因此，想要制定合理的评价标准，就需要确定评价对象。评价对象确定以后，还需要确定评价目标。评价目标是评价活动设计的依据，直接影响着整个评价活动的设计，对评价体系的构建具有导向作用。

本研究将评价对象确定为我国优秀女子空手道组手运动员体能发展水平，主要围绕身体形态、生理机能和运动素质 3 个方面。本研究将评价目标确定为：①对运动员体能特征各项单项指标做出定量评价；②对运动员体能特征的综合指标（身体形态、生理机能和运动素质）做出评分评价和等级评价。评价的最终目的并不是评价结果本身，而是通过评价结果的反馈为我国优秀女子空手道组手运动员体能训练科学化监控和运动员选材提供一定的理论依据，进而从整体上提高我国空手道组手运动员的竞技水平。

4.3.1.3 评价体系的构建原则

（1）完整性原则。

所谓完整性原则，是指所构建的评价体系能够全面地反映空手道组手运动员身体形态、生理机能和运动素质的发展水平，无明显遗漏。本研究根据女子空手道组手项目特征，尽可能筛选出反映专项体能的各项指标，保证体能评价体系的完整性。

（2）科学性原则。

科学性原则是指在构建评价体系的过程中，指标的选择要遵循以下几个要求：①指标的选择要与评价目标相一致，即指标能够反映评价目标，下一层次的指标能够反映上一层次的指标；②同一评价体系中的指标要相互独立，不能将相互矛盾或反映事物同一属性的指标放在同一评价体系中；③指标要具有可比性，即指标必须反映评价对象的共同属性。

（3）客观性原则。

客观性原则是指在指标选择和确定过程中要遵循客观事实，确保每个指标都能够真实地反映事物的本质属性。另外，在选择指标时还需要注意不同属性指标之间的平衡性，不能偏重或者弱化某个属性，要体现评价体系的全面、客观和公正的要求。

（4）可行性原则。

可行性原则主要体现在以下几个方面：①在指标的选择上尽可能挑选可以直接获取信息的，避免需要消耗大量人力、财力或物力资源的指标，以免给指标测试造成不必要的困难，进而影响数据的有效性；②指标的测量方法要尽量简化，易于操作，可重复性高；③在构建评价体系的过程中，要抓住反映事物的本质规律和内在属性的指标，对于一些与事物特征相关性不强的指标可以适当删减，或者将几个同属性的指标进行合并，减少指标的数量。

（5）灵活性原则。

灵活性原则是指依据女子空手道组手项目专项体能特征，设置可以动态、灵活使用的评价体系，满足运动员各阶段、分类动态评价的需要。灵活性原则主要体现在评价体系的分类、分层次方面，各类各层指标都应具有相对独立性，可以作为一个评价体系单独使用，也可以组合成一个综合的评价体系。

4.3.1.4 评价体系的构建流程

构建一个体能评价体系，通常需要以下 4 个步骤：①确定评价对象与目标；

②确定评价指标；③确定指标权重；④制定评价标准。（图 4 - 6）

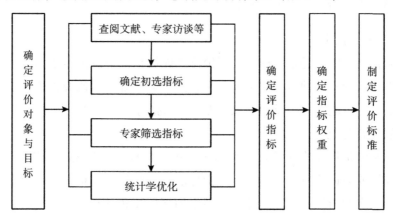

图 4 - 6　我国优秀女子空手道组手运动员体能评价体系构建流程图

4.3.1.5　小结

理论基础是构建我国优秀女子空手道组手运动员体能评价体系的前提。本研究以我国优秀女子空手道组手运动员体能发展水平为评价对象，评价目标为通过定量的评定，对体能发展水平进行评估，从而为科学化训练和运动成绩的提高提供一定的理论指导。整个评价体系由评价指标、指标权重和评价标准 3 个部分构成。在确定评价对象与目标的基础之上，本研究通过查阅文献、专家访谈、问卷调查和统计学优化等方法确定评价指标和指标权重，制定评价标准，从而构建全面、完整的体能评价体系。

4.3.2　评价指标的确定

评价指标的确定主要分为以下 3 个步骤：①通过查阅文献和专家访谈，收集和整理能全面地反映空手道组手运动员体能特征的初选指标，并根据问卷调查的数据结果，初步建立我国优秀女子空手道组手运动员体能评价指标；②通过德尔菲法（专家评议）的方式，对初选指标进行两轮评议，并挑选出平均得分在 4.0 以上、变异系数在 0.25 以下的指标，形成复选指标；③通过统计学优化（因子分析法），剔除相关性较高的指标，最终确定评价指标。（图 4 - 7）

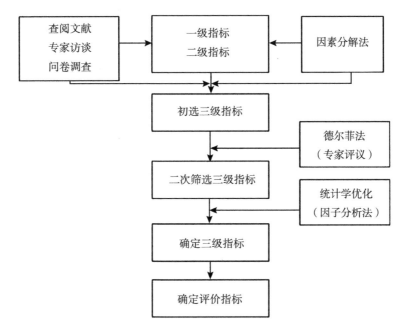

图 4 - 7 我国优秀女子空手道组手运动员体能评价指标确定的工作流程图

4.3.2.1 评价指标的初选

通过查阅格斗对抗类项目的相关文献，特别是空手道组手项目的相关文献，结合专家的访谈意见和问卷调查的数据结果，拟订尽可能全面涵盖身体形态、生理机能和运动素质在内的绝大多数测试指标。本研究共确定 3 项一级指标、15 项二级指标和 62 项三级指标。（表 4 - 13）

表 4 - 13 我国优秀女子空手道组手运动员体能评价初选指标

一级指标	二级指标	三级指标
A1 身 体 形 态	B1 长度	C1 身高、C2 上肢长、C3 下肢长、C4 跟腱长
	B2 宽度	C5 肩宽、C6 髋宽、C7 骨盆宽
	B3 围度	C8 胸围、C9 腰围、C10 臀围、C11 腰臀比、C12 上臂紧张围、C13 上臂放松围、C14 踝围
	B4 身体充实度	C15 体重、C16 体脂百分比、C17 瘦体重、C18 克托莱指数

续表

一级指标	二级指标	三级指标
A2生理机能	B5 有氧代谢能力	C19 肺活量、C20 最大摄氧量、C21 相对最大摄氧量
	B6 无氧代谢能力	C22 最大无氧功率、C23 相对最大无氧功率、C24 平均无氧功率、C25 相对平均无氧功率、C26 功率下降率
	B7 氧运转能力	C27 血红蛋白、C28 血细胞比容、C29 红细胞、C30 血清铁、C31 白细胞
	B8 内分泌	C32 血清睾酮、C33 血清皮质醇
	B9 肌肉负荷系统	C34 肌酸激酶、C35 血尿素
A3运动素质	B10 力量	C36 深蹲/体重、C37 卧推/体重、C38 立定跳远、C39 前抛实心球、C40 30s 两头起、C41 10s 杠铃平推
	B11 速度	C42 30m 跑、C43 60m 跑、C44 100m 跑、C45 20s 拳拳组合、C46 20s 拳腿组合、C47 30s 迎击强度靶、C48 10s 后手中段冲拳、C49 10s 上段勾踢
	B12 耐力	C50 beep-test、C51 400m 跑、C52 800m 跑、C53 1min 拳拳组合、C54 1min 拳腿组合
	B13 灵敏协调	C55 10s 象限跳、C56 10s 高抬腿+左右冲拳、C57 1min 跳绳、C58 4×10m 折返跑、C59 10s 立卧撑跳
	B14 平衡	C60 单腿闭目站立
	B15 柔韧性	C61 坐位体前屈、C62 转肩距

4.3.2.2 评价指标的复选（基于德尔菲法）

经过前期指标初选，已经初步建立了体能评价指标。但是由于评价指标中部分指标存在重复测量、难以界定、操作困难，或者不能够真正反映空手道组手项目特征等问题，需要对指标进行进一步修改或者调整。本研究将初选指标编制成《我国优秀女子空手道组手运动员体能评价指标专家评议表》，分两轮发放给专家，请专家对指标进行评议。根据两轮专家评议结果，本研究挑选出平均得分在4.0以上、变异系数在0.25以下的指标作为复选指标，同时复选指标将作为本研究的测试指标。

（1）评议专家的基本情况。

由于德尔菲法是根据专家主观意见对评价指标进行筛选，专家的研究领域和个人观点会直接影响到指标的筛选结果，因此在对专家的选择上要非常谨慎。本研究在对专家进行选择时主要参考的基本情况包括性别、年龄等，见表4-14。

表4-14 评议专家基本情况

主要项目		第一轮（$n=15$）		第二轮（$n=15$）	
		人数	比例/%	人数	比例/%
性别	男	11	73.3	13	86.7
	女	4	26.7	2	13.3
年龄	31~40 岁	1	6.7	1	6.7
	41~50 岁	11	73.3	13	86.7
	51~60 岁	2	13.3	1	6.7
	60 岁以上	1	6.7	0	0
从事教学或研究年限	3~5 年	1	6.7	0	0
	6~8 年	1	6.7	2	13.3
	9~12 年	3	20.0	2	13.3
	12 年以上	10	66.7	11	73.3
职称	中级	2	13.3	2	13.3
	副高级	2	13.3	2	13.3
	正高级	11	73.3	11	73.3
学历	本科	1	6.7	1	6.7
	硕士	4	26.7	4	26.7
	博士	10	66.7	10	66.7
研究领域	运动训练学	8	53.3	8	53.3
	生理生化	2	13.3	2	13.3
	体育统计学	1	6.7	1	6.7
	生物力学	1	6.7	1	6.7
	体能	3	20.0	3	20.0

注：比例保留一位小数，四舍五入，故存在比例之和为99.9%、100.1%的可能性。

由于本研究主要是针对女子空手道组手运动员体能评价指标的建立，评价指标涉及了多个方面，因此，选择的评议专家包含了运动训练学、生理生化、体育统计学、生物力学和体能等多个领域的专家，入选评议专家大多数是具有正高级职称或博士学位的资深专家，确保了本研究最终指标筛选的可靠性。

（2）专家评议结果分析。

①专家的积极程度。

调查问卷的回收率能够表现出专家参与研究的积极程度，问卷的回收率越高说明专家的积极程度越高，反之则说明了专家的积极程度不高。一般来讲，70%的回收率是个参考临界点。超过70%说明专家的积极程度较高，低于70%则说明专家对研究内容的积极程度不高。在本研究的调查问卷中，两轮问卷都实现了比较理想的回收，说明专家在此次调查过程中能够积极参与。（表4-15）

表4-15　问卷回收率与有效率

轮次	发放数量/份	回收情况		有效情况	
		回收数量/份	回收率/%	有效数量/份	有效率/%
第一轮	15	15	100	15	100
第二轮	15	14	93.3	14	100

②专家的权威程度。

权威系数可以反映专家的权威程度，权威系数与权威程度成正比关系。测算的权威系数越高，说明专家的权威性越高，在专业领域其所提出的意见具有较高的可信度。通常来讲，专家的权威系数在0.7以上说明专家具有较高的权威性。在本次调查中，第一轮专家的权威系数为0.80，第二轮专家的权威系数为0.85。因此，本研究所选择的专家具有较高的权威性，其问卷结果具有较高的可信度。（表4-16）

表4-16　专家权威程度表

轮次	判断系数	熟悉程度	权威系数
第一轮	0.83	0.77	0.80
第二轮	0.92	0.78	0.85

注：权威系数 =（判断系数 + 熟悉程度）/2。

③专家意见的集中程度和变异系数。（表4-17）

表4-17　专家意见的集中程度和变异系数表

一级指标	二级指标	三级指标	第一轮		第二轮	
			得分	变异系数	得分	变异系数
A1	B1	C1	4.40±0.61	0.14	4.47±0.50	0.11
		C2	4.60±0.49	0.11	4.67±0.47	0.10
	B2	C5	4.13±0.34	0.08	4.20±0.31	0.07
	B3	C11	4.87±0.34	0.07	4.93±0.25	0.05
		C12	4.13±0.34	0.08	4.41±0.25	0.05
	B4	C15	4.13±0.34	0.08	4.13±0.34	0.08
		C16	4.33±0.47	0.11	4.40±0.45	0.10
		C17	4.60±0.49	0.11	4.67±0.47	0.10
		C18	4.80±0.40	0.08	4.80±0.40	0.08
A2	B5	C21	4.13±0.50	0.12	4.27±0.44	0.10
	B6	C23	4.27±0.44	0.10	4.27±0.44	0.10
		C25	4.40±0.49	0.11	4.53±0.50	0.11
		C26	4.87±0.34	0.07	4.93±0.25	0.05
	B7	C27	4.27±0.44	0.10	4.27±0.44	0.10
	B8	C32	4.40±0.49	0.11	4.47±0.50	0.11
	B9	C35	4.13±0.34	0.08	4.13±0.34	0.08
A3	B10	C38	4.27±0.44	0.10	4.27±0.44	0.10
		C39	4.27±0.44	0.10	4.40±0.49	0.11
	B11	C42	4.40±0.49	0.11	4.40±0.49	0.11
		C45	4.93±0.25	0.05	4.93±0.25	0.05
		C46	4.93±0.25	0.05	4.93±0.25	0.05
		C47	4.93±0.25	0.05	4.93±0.25	0.05
		C48	4.73±0.44	0.09	4.87±0.34	0.07
		C49	4.53±0.50	0.11	4.67±0.47	0.10
	B12	C51	4.13±0.34	0.08	4.20±0.29	0.05
	B13	C56	4.20±0.40	0.10	4.20±0.31	0.08
		C57	4.87±0.34	0.07	4.87±0.34	0.07
		C58	4.27±0.44	0.10	4.40±0.36	0.09

本研究采用指标的重要性赋值来描述专家意见的集中程度，分值越小表明指标的重要性越低，反之则越高。同时，本研究采用变异系数这一指标来计算不同专家对同一指标的协调程度。变异系数越大，说明不同专家对同一指标的协调程度越低，

反之则越高。相关文献认为变异系数以 0.25 为参考临界值。变异系数低于 0.25 说明专家对同一指标的协调程度较高，反之则说明专家之间的意见存在一定的分歧。在此次调查结果中，两轮问卷的变异系数都没有高于 0.25，说明专家之间的协调程度较高。另外，第二轮的变异系数总体上小于第一轮的变异系数，说明经过了第一轮的专家修正之后，第二轮的专家意见更加统一了。

（3）两轮德尔菲法筛选结果。

在第一轮专家评议中，本研究共拟定了一级指标 3 项、二级指标 15 项、三级指标 62 项。以限定的临界值为参考，充分结合专家的主观意见，共删除一级指标 0 项、二级指标 2 项、三级指标 31 项，修改加入 5 项三级指标。

在第二轮专家评议中，经过第一轮专家修改之后，专家对指标的认可程度提高，在意见方面逐渐趋于一致。此次评议共删除一级指标 0 项、二级指标 0 项、三级指标 8 项。最终，保留了一级指标 3 项、二级指标 13 项、三级指标 28 项，完成了对指标的复选过程。（表 4 - 18）

表 4 - 18 我国优秀女子空手道组手运动员体能评价复选指标

一级指标	二级指标	三级指标
A1 身体形态	B1 长度	C1 身高、C2 上肢长
	B2 宽度	C5 肩宽
	B3 围度	C11 腰臀比、C12 上臂紧张围
	B4 身体充实度	C15 体重、C16 体脂百分比、C17 瘦体重、C18 克托莱指数
A2 生理机能	B5 有氧代谢能力	C21 相对最大摄氧量
	B6 无氧代谢能力	C23 相对最大无氧功率、C25 相对平均无氧功率、C26 功率下降率
	B7 氧运转能力	C27 血红蛋白
	B8 内分泌	C32 血清睾酮
	B9 肌肉负荷系统	C35 血尿素
A3 运动素质	B10 力量	C38 立定跳远、C39 前抛实心球
	B11 速度	C42 30m 跑、C45 20s 拳拳组合、C46 20s 拳腿组合、C47 30s 迎击强度靶、C48 10s 后手中段冲拳、C49 10s 上段勾踢
	B12 耐力	C51 400m 跑
	B13 灵敏协调	C56 10s 高抬腿 + 左右冲拳、C57 1min 跳绳、C58 4 × 10m 折返跑

4.3.2.3　统计学优化

经过专家判定后的三级指标仍然较多，且各指标间可能还存在一定的关联性。为了能采用较少的指标并尽量全面地反映出运动员的体能水平，本研究采用统计学中的因子分析法，对二次筛选的测试指标进行统计学优化。因此，本研究根据具体情况，对身体形态、生理机能和运动素质 3 个维度的指标进行了因子分析。采用因子分析法的主要目的是降维，剔除相关性较强的重复性指标，挑选出能够更加全面地覆盖专项特征的评价指标，使评价更加简单易懂，便于操作。另外，在对二、三级指标进行权重确定时，也需要采用因子分析法。这是构成评价体系的关键环节之一。其主要步骤如下：

①计算既定指标之间的相关矩阵系数。

②计算各指标的特征值及特征向量，各个主成分贡献率、累计贡献率和初始因子矩阵。

③针对初始因子矩阵，运用方差最大法进行正交旋转并得出旋转后的因子载荷矩阵。

④在各个主成分中挑选载荷最大的指标，并将载荷大小作为指标权重的相关参考。

（1）身体形态指标筛选结果。

为了验证各个身体形态指标之间是否存在较强的相关性，本研究对身体形态二次筛选的 9 项指标原测数据进行了相关系数的计算。从表 4 – 19 中 9 项变量的相关性可见，多数变量之间仍然存在较强的相关性。该结果进一步体现了信息浓缩的必要性。为了确保数据可以采用因子分析法，本研究对身体形态指标进行了样本适当性度量的 KMO 值和 Bartlett 球形检验（表 4 – 20）。KMO 值趋近于 1 表明变量间的偏相关性强，因子分析效果好。在实际分析中，当 KMO 值在 0.7 以上时，因子分析效果会比较好；而当 KMO 值在 0.5 以下时，不适合做因子分析。本研究 KMO 值为 0.764，Bartlett 球形检验具有高度显著性（$P < 0.01$）。从各变量所含原始信息被提取的公因子所表示的程度来看（表 4 – 21），所有变量的共同度均在 0.7 以上（初始值为 1.0）。因此，从上述检验结果可以看出，按照默认数量提取出的这几个因子对各变量的解释能力是较强的，适合进行因子分析。

表4-19 我国优秀女子空手道组手运动员身体形态原测指标相关矩阵系数

指标	A₁	A₂	A₃	A₄	A₅	A₆	A₇	A₈	A₉
A₁	1.000	0.949	0.904	0.715	0.743	0.538	0.690	0.505	0.556
A₂	0.949	1.000	0.863	0.726	0.677	0.502	0.627	0.442	0.469
A₃	0.904	0.863	1.000	0.597	0.623	0.447	0.577	0.391	0.499
A₄	0.715	0.726	0.597	1.000	0.813	0.530	0.775	0.722	0.446
A₅	0.743	0.677	0.623	0.813	1.000	0.567	0.974	0.952	0.668
A₆	0.538	0.502	0.447	0.530	0.567	1.000	0.366	0.483	0.566
A₇	0.690	0.627	0.577	0.775	0.974	0.366	1.000	0.944	0.601
A₈	0.505	0.442	0.391	0.722	0.952	0.483	0.944	1.000	0.614
A₉	0.556	0.469	0.499	0.446	0.668	0.566	0.601	0.614	1.000

注：A_1 至 A_9 依次代表身高、上肢长、肩宽、上臂紧张围、体重、体脂百分比、瘦体重、克托莱指数和腰臀比。

表4-20 身体形态样本适当性度量的 KMO 值和 Bartlett 球形检验

KMO 取样适切性量数		0.764
Bartlett 球形检验	上次读取的卡方	685.341
	自由度	36.000
	显著性	0.000

表4-21 身体形态指标因子方差表

指标	初始值	提取
身高	1.000	0.964
上肢长	1.000	0.946
肩宽	1.000	0.895
上臂紧张围	1.000	0.769
体重	1.000	0.989
体脂百分比	1.000	0.856
瘦体重	1.000	0.985
克托莱指数	1.000	0.986
腰臀比	1.000	0.746

注：提取方法为主成分分析。

　　本研究在按照初始特征值大于 1 默认标准的情况下，提取了 2 个因子，其贡献率分别为 68.741% 和 13.061%。为了使因子载荷矩阵中系数更加明显，本研究对初始因子载荷矩阵进行了方差最大正交旋转，使因子和原始变量之间的关系重新分配，相关系数的绝对值向（0，1）区间的两极分化，从而更加容易解释。旋转后因子的贡献率发生了变化，彼此差距有所缩小，得到 3 个特征值大于 1 的因子，但是累计贡献率仍然是 90.411%，和旋转前完全相同。（图 4 - 8、表 4 - 22）

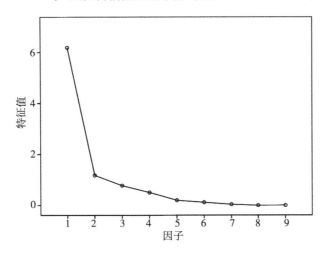

图 4 - 8　我国优秀女子空手道组手运动员身体形态指标特征值碎石图

表 4 - 22　身体形态指标因子初始及正交旋转后特征值、贡献率及累计贡献率解释

因子	初始特征值			提取载荷平方和			旋转载荷平方和		
	总计	贡献率/%	累计贡献率/%	总计	贡献率/%	累计贡献率/%	总计	贡献率/%	累计贡献率/%
1	6.187	68.741	68.741	6.187	68.741	68.741	3.307	36.741	36.741
2	1.176	13.061	81.802	1.176	13.061	81.802	3.121	34.675	71.416
3	0.775	8.609	90.411	0.775	8.609	90.411	1.710	18.995	90.411

注：提取方法为主成分分析。

　　本研究根据特征值与方差百分比确定了 3 个因子（表 4 - 23），且 3 个因子的累计贡献率达到 90.411%，概括了整体信息的 90% 以上，所以本研究认为除了这 3 个因子其他变量对方差影响较小，可以接受这 3 个因子作为优秀女子空手道组手运动员身体形态的主要构成因子。

表4-23 身体形态指标正交旋转后的因子载荷矩阵表

指标	因子载荷		
	1	2	3
克托莱指数	0.936	—	—
瘦体重	0.908	—	—
体重	0.844	—	—
上臂紧张围	0.662	—	—
上肢长	—	0.904	—
肩宽	—	0.893	—
身高	—	0.877	—
体脂百分比	—	—	0.862
腰臀比	—	—	0.719

注：提取方法为主成分分析；旋转方法为 Kaiser 标准化最大方差法。

对身体形态指标进行方差最大正交旋转之后得到了 3 个主因子（表4-24）。其中第 1 主因子包括克托莱指数、瘦体重、体重、上臂紧张围 4 项指标。这 4 项指标集中反映了优秀女子空手道组手运动员的身体充实度和粗壮程度，所以本研究将其命名为充实度因子。

表4-24 身体形态因子特征、命名及贡献率表

因子序号	高载荷指标	因子载荷	因子特征	因子命名	贡献率/%
1	克托莱指数	0.936	身体充实度	充实度因子	36.741
	瘦体重	0.908			
	体重	0.844			
	上臂紧张围	0.662			
2	上肢长	0.904	身体长度	长度因子	34.675
	肩宽	0.893			
	身高	0.877			
3	体脂百分比	0.862	体脂含量	体脂因子	18.995
	腰臀比	0.719			

从空手道组手的专项特征来看，躯干及四肢肌肉发达有力、瘦体重较大往往可以为运动员具备良好的力量和速度等运动素质提供形态上的保障。空手道组手比赛与其他格斗对抗类项目的不同之处主要体现在其"快速"的特点，具体表现为以下 3 点：①拳法和腿法的快打快收；②步法的快速移动；③摔法的快速完成。因此，身体充实度和粗壮程度对于空手道组手运动员完成有效得分技术是至关重要的。克

托莱指数在第 1 主因子中所占载荷为 0.936，在充实度因子中载荷最高，因此本研究选择克托莱指数作为第 1 主因子的典型评价指标。

第 2 主因子包括 3 项高载荷指标，分别是上肢长、肩宽和身高。这 3 项指标集中反映了优秀女子空手道组手运动员的身体长度，所以本研究将其命名为长度因子。从空手道组手的专项特征来看，较长的上肢和较高的身高具有扩大进攻和防守范围、更好地控制距离、掌控比赛节奏以及首先接触对方有效得分部位的优势。肩宽则体现运动员上肢发育程度，与运动员上肢力量密切相关，有力的上肢有利于运动员完成快速有力的拳法和摔法。上肢长因子载荷为 0.904，在长度因子中载荷最高，因此本研究选择上肢长作为第 2 主因子的典型评价指标。

第 3 主因子包括 2 项高载荷指标，分别是体脂百分比和腰臀比。这 2 项指标集中反映了优秀女子空手道组手运动员的体脂含量和胖瘦程度，所以本研究将其命名为体脂因子。按照空手道组手竞赛规则，运动员需要按照体重级别划分进行比赛，在相同体重情况下，体脂含量较低的运动员则可以具备较大的瘦体重，更有利于拥有良好的速度和力量。体脂百分比在第 3 主因子中载荷为 0.862，在体脂因子中载荷最高，因此本研究选择体脂百分比作为第 3 主因子的典型评价指标。

综上所述，根据因子分析结果以及结合专项特征，本研究最后确定克托莱指数作为第 1 主因子的典型评价指标，上肢长作为第 2 主因子的典型评价指标，体脂百分比作为第 3 主因子的典型评价指标。（表 4 - 25）

表 4 - 25　我国优秀女子空手道组手运动员身体形态典型评价指标

序号	典型评价指标	因子载荷
1	克托莱指数	0.936
2	上肢长	0.904
3	体脂百分比	0.862

（2）生理机能指标筛选结果。

为了验证各个生理机能指标之间是否存在较强的相关性，本研究对生理机能二次筛选的 7 项指标原测数据进行了相关系数的计算。从表 4 - 26 中 7 项变量的相关性可见，多数变量之间仍然存在较强的相关性。该结果进一步体现了生理机能指标浓缩的必要性。为了确保数据可以采用因子分析法，本研究对生理机能指标进行了样本适当性度量的 KMO 值和 Bartlett 球形检验（表 4 - 27）。KMO 值趋近于 1 表明变量间的偏相关性强，因子分析效果好。在实际分析中，当 KMO 值在 0.7 以上时，因子分析效果会比较好；而当 KMO 值在 0.5 以下时，不适合做因子分析。本研究 KMO 值为 0.703，Bartlett 球形检验具有高度显著性（$P < 0.01$）。从各变量所含原始信息被提取的公因子所表示的程度来看（表 4 – 28），所有变量的共同度均在 0.7 以上（初始值为 1.0）。因此，从上述检验结果可以看出，按照默认数量提取出的这几个因子对各变量的解释能力是较强的，适合进行因子分析。

表 4 – 26　我国优秀女子空手道组手运动员生理机能原测指标相关矩阵系数

指标	B_1	B_2	B_3	B_4	B_5	B_6	B_7
B_1	1.000	0.842	0.132	−0.668	0.287	−0.123	0.335
B_2	0.842	1.000	0.129	−0.712	0.243	−0.147	0.430
B_3	0.132	0.129	1.000	−0.064	0.347	0.402	0.538
B_4	−0.668	−0.712	−0.064	1.000	−0.324	−0.073	−0.255
B_5	0.287	0.243	0.347	−0.324	1.000	0.454	0.343
B_6	−0.123	−0.147	0.402	−0.073	0.454	1.000	0.226
B_7	0.335	0.430	0.538	−0.255	0.343	0.226	1.000

注：B_1 至 B_7 依次代表相对最大无氧功率、相对平均无氧功率、相对最大摄氧量、功率下降率、血清睾酮、血尿素、血红蛋白。

表 4 – 27　生理机能样本适当性度量的 KMO 值和 Bartlett 球形检验

KMO 取样适切性量数		0.703
	上次读取的卡方	106.327
Bartlett 球形检验	自由度	21.000
	显著性	0.000

表 4 – 28　生理机能指标因子方差表

指标	初始值	提取
相对最大无氧功率	1.000	0.848
相对平均无氧功率	1.000	0.904
相对最大摄氧量	1.000	0.798
功率下降率	1.000	0.796
血清睾酮	1.000	0.738
血尿素	1.000	0.812
血红蛋白	1.000	0.801

注：提取方法为主成分分析。

由表4-29可见，经过方差最大正交旋转之后，按照特征值从大到小排列，筛选出特征值>1的因子共3个，累计贡献率为81.388%，3个因子的贡献率由大到小依次为37.491%、22.298%和21.599%，共计81.388%。这3个因子概括了生理机能指标的绝大多数信息，可以反映出优秀女子空手道组手运动员生理机能的基本特征。

表4-29　生理机能指标因子初始及正交旋转后特征值、贡献率及累计贡献率解释

因子	初始特征值			提取载荷平方和			旋转载荷平方和		
	总计	贡献率/%	累计贡献率/%	总计	贡献率/%	累计贡献率/%	总计	贡献率/%	累计贡献率/%
1	3.008	42.972	42.972	3.008	42.972	42.972	2.624	37.491	37.491
2	1.811	25.875	68.847	1.811	25.875	68.847	1.561	22.298	59.789
3	0.878	12.541	81.388	0.878	12.541	81.388	1.512	21.599	81.388

由表4-30和表4-31可知以下信息。

第1主因子包括相对最大无氧功率、相对平均无氧功率和功率下降率3项指标。这3项指标集中反映了优秀女子空手道组手运动员的无氧代谢能力，所以本研究将其命名为无氧能力因子。在Wingate无氧功率实验中，一般认为相对最大无氧功率可用来评定运动员的磷酸原供能能力，而相对平均无氧功率和功率下降率则可以用来评定运动员的糖酵解供能能力。相对最大无氧功率越高，说明磷酸原供能能力越强；相对平均无氧功率越高，功率下降率越低，说明糖酵解供能能力越强。空手道组手项目是一项典型的以无氧供能为主、以有氧供能为辅的格斗对抗类项目。空手道组手比赛特别强调运动员的速度和爆发力，运动员的步法移动、进攻与防守技术的实施都是在短时间内完成的。因此，运动员需要具备良好的磷酸原供能能力，以满足运动员瞬间完成技术动作的需要。同时，女子空手道组手比赛每场2min，运动员需要在2min之内持续保持较强的移动和攻防能力，从而保证在激烈的比赛中维持较高的技战术水平。因此，在这种情况下，运动员要具备维持较高功率输出的能力，即糖酵解供能能力。从本研究得到的第1主因子载荷来看，相对最大无氧功率载荷高达0.921，高于其他两个指标的载荷。因此，本研究选择相对最大无氧功率作为第1主因子的典型评价指标。

第2主因子包括相对最大摄氧量和血红蛋白2项指标。这2项指标集中反映了优秀女子空手道组手运动员的有氧代谢能力，所以本研究将其命名为有氧能力因子。空手道组手虽然是以无氧供能为主、以有氧供能为辅的运动，但是有研究表明：有

氧代谢能力与运动后疲劳恢复、乳酸消除以及机体对氧的利用能力有密切关系。空手道组手比赛每个级别都是在一天之内产生冠军。也就是说，运动员若想进入决赛，在一天之内需要进行 4 或 5 场比赛。这对运动员体能储备提出了极高的要求。因此，良好的有氧代谢能力为运动员持续进行比赛提供了保障。从本研究得到的第 2 主因子载荷来看，相对最大摄氧量载荷高达 0.841，高于血红蛋白载荷 0.838，且相对最大摄氧量受遗传因素影响较大，可作为空手道组手运动员的选材指标，因此本研究选择相对最大摄氧量作为第 2 主因子的典型评价指标。

第 3 主因子包括血尿素和血清睾酮 2 项指标。这 2 项指标反映了机体承受大负荷训练能力和机体恢复能力，所以本研究将其命名为恢复能力因子。血尿素是评定运动员承受大负荷训练能力和机体恢复能力的敏感指标。大负荷训练后，优秀运动员血尿素低于一般运动员，说明优秀运动员身体恢复能力更强，更利于接受大负荷训练。血清睾酮是一种雄性激素，能促进体内蛋白质合成和肌纤维生长，有利于机体承受大负荷训练。从本研究得到的第 3 主因子载荷来看，血尿素载荷为 0.858，高于血清睾酮载荷 0.781。因此，本研究选择血尿素作为第 3 主因子的典型评价指标。

表 4-30　生理机能指标正交旋转后的因子载荷矩阵表

指标	因子载荷		
	1	2	3
相对最大无氧功率	0.921	—	—
相对平均无氧功率	0.907	—	—
功率下降率	-0.858	—	—
相对最大摄氧量	—	0.841	—
血红蛋白	—	0.838	—
血尿素	—	—	0.858
血清睾酮	—	—	0.781

注：提取方法为主成分分析；旋转方法为 Kaiser 标准化最大方差法。

表 4-31　生理机能因子特征、命名及贡献率表

因子序号	高载荷指标	因子载荷	因子特征	因子命名	贡献率/%
1	相对最大无氧功率	0.921	无氧代谢能力	无氧能力因子	37.491
	相对平均无氧功率	0.907			
	功率下降率	-0.858			

因子序号	高载荷指标	因子载荷	因子特征	因子命名	贡献率/%
2	相对最大摄氧量 血红蛋白	0.841 0.838	有氧代谢能力	有氧 能力因子	22.298
3	血尿素 血清睾酮	0.858 0.781	恢复能力	恢复 能力因子	21.599

综上所述，根据因子分析结果以及结合专项特征，本研究最后确定相对最大无氧功率作为第 1 主因子的典型评价指标，相对最大摄氧量作为第 2 主因子的典型评价指标，血尿素作为第 3 主因子的典型评价指标。（表 4 - 32）

表 4 - 32　我国优秀女子空手道组手运动员生理机能典型评价指标

序号	典型评价指标	因子载荷
1	相对最大无氧功率	0.921
2	相对最大摄氧量	0.841
3	血尿素	0.858

（3）运动素质指标筛选结果。

由表 4 - 33 可见，在运动素质指标中，部分指标之间存在一定的相关性，还有部分指标之间存在较弱的相关性。为了进一步检验运动素质指标是否适合进行因子分析，本研究对运动素质指标进行了样本适当性度量的 KMO 值和 Bartlett 球形检验（表 4 - 34）。检验结果显示 KMO 值为 0.642 < （0.7），说明在运动素质指标中各变量信息之间的重叠度可能不是特别高，因子分析模型可能会不完善，但是 Bartlett 球形检验呈现出非常显著性（$P < 0.01$）。因此，仍然值得尝试因子分析法。表 4 - 35 为运动素质指标因子方差表。

表 4 - 33　我国优秀女子空手道组手运动员运动素质原测指标相关矩阵系数

指标	C_1	C_2	C_3	C_4	C_5	C_6	C_7	C_8	C_9	C_{10}	C_{11}	C_{12}
C_1	1.00	0.46	0.32	0.37	0.38	0.14	-0.72	0.57	0.17	0.23	-0.30	-0.21
C_2	0.46	1.00	0.75	0.68	0.59	0.21	-0.41	0.34	0.60	0.18	-0.27	-0.31
C_3	0.32	0.75	1.00	0.52	0.25	0.18	-0.40	0.16	0.46	0.20	-0.23	-0.29
C_4	0.37	0.68	0.52	1.00	0.60	0.12	-0.45	0.36	0.78	0.20	-0.40	-0.19
C_5	0.38	0.59	0.25	0.60	1.00	0.35	-0.41	0.45	0.58	0.25	-0.72	-0.45
C_6	0.14	0.21	0.18	0.12	0.35	1.00	-0.22	-0.10	0.22	0.61	-0.22	-0.73
C_7	-0.72	-0.41	-0.40	-0.45	-0.41	-0.22	1.00	-0.39	-0.36	-0.30	0.32	0.23

续表

指标	C_1	C_2	C_3	C_4	C_5	C_6	C_7	C_8	C_9	C_{10}	C_{11}	C_{12}
C_8	0.57	0.34	0.16	0.36	0.45	−0.10	−0.39	1.00	0.25	0.02	−0.30	0.00
C_9	0.17	0.60	0.46	0.78	0.58	0.28	−0.36	0.25	1.00	−0.01	−0.38	−0.27
C_{10}	0.23	0.18	0.20	0.08	0.25	0.61	−0.30	0.02	−0.01	1.00	−0.12	−0.46
C_{11}	−0.30	−0.27	−0.23	−0.40	−0.72	−0.22	0.32	−0.30	−0.38	−0.12	1.00	0.40
C_{12}	−0.21	−0.31	−0.29	−0.19	−0.45	−0.73	0.23	0.00	−0.27	−0.46	0.40	1.00

注：C_1 至 C_{12} 依次代表立定跳远、20s 拳拳组合、20s 拳腿组合、10s 后手中段冲拳、30s 迎击强度靶、10s 高抬腿 + 左右冲拳、30m 跑、前抛实心球、10s 上段勾踢、1min 跳绳、400m 跑、4 × 10m 折返跑。

表 4 −34　运动素质样本适当性度量的 KMO 值和 Bartlett 球形检验

KMO 取样适切性量数		0.642
Bartlett 球形检验	上次读取的卡方	248.120
	自由度	66.000
	显著性	0.000

表 4 −35　运动素质指标因子方差表

指标	初始值	提取
立定跳远	1.000	0.853
20s 拳拳组合	1.000	0.820
20s 拳腿组合	1.000	0.784
10s 后手中段冲拳	1.000	0.799
30s 迎击强度靶	1.000	0.867
10s 高抬腿 + 左右冲拳	1.000	0.836
30m 跑	1.000	0.716
前抛实心球	1.000	0.710
10s 上段勾踢	1.000	0.801
1min 跳绳	1.000	0.723
400m 跑	1.000	0.751
4 × 10m 折返跑	1.000	0.763

进行方差最大正交旋转之后，本研究在运动素质指标中仍然按照特征值大于 1 的默认标准提取了 4 个因子（表 4 −36）。4 个因子的累计贡献率达到 78.523%。虽然这 4 个因子累计贡献率没有达到 80%，但是其余因子特征值均小于 1，且较为分散，影响较弱，因此本研究认为提取的前 4 个因子可以代表优秀女子空手道组手运

动员运动素质指标的全部信息。碎石图（图4-9）显示了各因子的重要程度。将因子特征值从大到小排列，从图中可以观察到，前4个因子的散点都位于陡坡之上，而其他因子的散点形成了平台，且特征值小于1。因此，本研究提取前4个因子。

表4-36　运动素质指标因子初始及正交旋转后特征值、贡献率及累计贡献率解释

因子	初始特征值			提取载荷平方和			旋转载荷平方和		
	总计	贡献率/%	累计贡献率/%	总计	贡献率/%	累计贡献率/%	总计	贡献率/%	累计贡献率/%
1	4.954	41.286	41.286	4.954	41.286	41.286	2.818	23.480	23.480
2	1.958	16.317	57.603	1.958	16.317	57.603	2.339	19.490	42.970
3	1.357	11.307	68.910	1.357	11.307	68.910	2.202	18.350	61.320
4	1.154	9.613	78.523	1.154	9.613	78.523	2.064	17.203	78.523

注：提取方法为主成分分析。

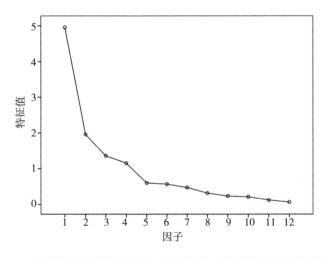

图4-9　我国优秀女子空手道组手运动员运动素质指标特征值碎石图

由表4-37、表4-38可见，经过方差最大正交旋转之后，共提取了4个主因子。其中，第1主因子包括20s拳拳组合、20s拳腿组合、10s后手中段冲拳、10s上段勾踢4项指标。这4项指标集中反映了优秀女子空手道组手运动员的专项快速力量能力，所以本研究将其命名为快速力量因子，贡献率为23.480%，对运动素质贡献率最高。空手道组手比赛的得分技术包括了拳法、腿法和摔法，而摔法通常不能直接得分，需要在规定时间内实施一个有效得分技术。因此，拳法和腿法在组手比赛中占有重要地位，特别是20s拳拳组合。有大量研究表明，在组

手比赛中大量得分来自拳法技术，其主要原因在于，拳法技术实施起来速度较快，动作幅度较腿法和摔法小，攻防转换较快，比腿法和摔法更易得分。拳拳组合是日常训练和比赛中较为常用的技术。本研究中20s拳拳组合因子载荷为0.833，列为第一。因此，本研究选择20s拳拳组合作为第1主因子的典型评价指标。

表4-37 运动素质指标正交旋转后的因子载荷矩阵表

指标	因子载荷			
	1	2	3	4
20s 拳拳组合	0.833	—	—	—
20s 拳腿组合	0.829	—	—	—
10s 后手中段冲拳	0.762	—	—	—
10s 上段勾踢	0.747	—	—	—
10s 高抬腿 + 左右冲拳	—	0.887	—	—
1min 跳绳	—	0.809	—	—
4×10m 折返跑	—	-0.793	—	—
立定跳远	—	—	0.889	—
30m 跑	—	—	-0.744	—
前抛实心球	—	—	0.716	—
30s 迎击强度靶	—	—	—	0.821
400m 跑	—	—	—	-0.798

注：提取方法为主成分分析；旋转方法为 Kaiser 标准化最大方差法。

表4-38 运动素质因子特征、命名及贡献率表

因子序号	高载荷指标	因子载荷	因子特征	因子命名	贡献率/%
1	20s 拳拳组合	0.833	快速力量	快速力量因子	23.480
	20s 拳腿组合	0.829			
	10s 后手中段冲拳	0.762			
	10s 上段勾踢	0.747			
2	10s 高抬腿 + 左右冲拳	0.887	灵敏协调	灵敏协调因子	19.491
	1min 跳绳	0.809			
	4×10m 折返跑	-0.793			
3	立定跳远	0.889	爆发力	爆发力因子	18.350
	30m 跑	-0.744			
	前抛实心球	0.716			
4	30s 迎击强度靶	0.821	耐力	耐力因子	17.203
	400m 跑	-0.798			

第 2 主因子包括 10s 高抬腿 + 左右冲拳、1min 跳绳和 4×10m 折返跑 3 项指标。这 3 项指标集中反映了优秀女子空手道组手运动员的身体灵敏协调能力，所以本研究将其命名为灵敏协调因子。该因子在整个运动素质结构中排第 2 位，贡献率为 19.490%，说明灵敏协调能力对空手道组手运动员整体竞技能力的重要性。空手道组手是对运动员全身灵敏协调能力要求极高的运动。从空手道组手比赛得分六要素来看，良好的姿势、刚劲有力的技术应用、好的时机把握以及正确的距离都需要运动员具备良好的灵敏协调能力。另外，空手道组手按照动作结构分类属于多元动作结构中的变异组合类项目，具有动作变化节奏快、技术种类繁多以及动作难度高的特点。这种"快速多变"的比赛特征对运动员灵敏协调能力提出了较高的要求。本研究中 10s 高抬腿 + 左右冲拳因子载荷为 0.887，因子载荷最高。因此，本研究将 10s 高抬腿 + 左右冲拳作为第 2 主因子的典型评价指标。

第 3 主因子包括立定跳远、30m 跑和前抛实心球 3 项指标。这 3 项指标反映了优秀女子空手道组手运动员的全身爆发力，所以本研究将其命名为爆发力因子。空手道组手项目与其他格斗对抗类项目存在一个明显不同，即任何一方运动员出现有效得分便暂停比赛，待裁判员对得分动作进行判定后才继续比赛。也就是说，比赛双方运动员需要在最短的时间内首先争取到有效的击打才能得分。因此，良好的爆发力是运动员完成快速启动和击打的先决条件。另外，从成年运动员比赛得分规则的角度来讲，虽然上段技术出于保护对手的原因采用了"寸止"原则，但是中段技术需要具备强劲有力的击打才能获得有效得分，从这个角度来讲优秀空手道组手运动员需要具备出色的爆发力。本研究中立定跳远因子载荷为 0.889，因子载荷最高。因此，本研究将立定跳远作为第 3 主因子的典型评价指标。

第 4 主因子包括 30s 迎击强度靶和 400m 跑 2 项指标，其中 30s 迎击强度靶反映了优秀女子空手道组手运动员的专项力量耐力，400m 跑则反映了优秀女子空手道组手运动员的一般速度耐力，所以本研究将其命名为耐力因子。女子空手道组手比赛每场 2min，对抗激烈，比赛节奏快，比赛中除了需要磷酸原供能，还需要糖酵解供能。因此，空手道组手比赛对运动员无氧耐力提出了较高的要求。从组手比赛的得分要求来看，每个得分技术都需要具备规范的动作以及时刻警戒的比赛状态。如果比赛中运动员技术动作不规范或者出现体力下降导致技术动作变形，裁判员也不会给予有效得分。因此，从这个角度来看，优秀空手道组手运动员需要具备良好的无氧耐力来维持竞技状态的稳定。30s 迎击强度靶是在多人配合下培养运动员反应能力和力量耐力的有效手段，目前也是专业队发展运动员专项耐力的主要手段之一。

同时，该项指标与专项动作紧密结合，因子载荷为 0.821，大于 400m 跑的因子载荷，因此，本研究选择 30s 迎击强度靶作为第 4 主因子的典型评价指标。

综上所述，根据因子分析结果以及结合专项特征，本研究最后确定 20s 拳拳组合作为第 1 主因子的典型评价指标，10s 高抬腿 + 左右冲拳作为第 2 主因子的典型评价指标，立定跳远作为第 3 主因子的典型评价指标，30s 迎击强度靶作为第 4 主因子的典型评价指标。（表 4 - 39）

表 4 - 39　我国优秀女子空手道组手运动员运动素质典型评价指标

序号	典型评价指标	因子载荷
1	20s 拳拳组合	0.833
2	10s 高抬腿 + 左右冲拳	0.887
3	立定跳远	0.889
4	30s 迎击强度靶	0.821

4.3.2.4　评价指标确定的结果

在查阅文献、专家筛选以及统计学优化的基础之上，本研究经过上述论证，最终确定了我国优秀女子空手道组手运动员体能评价指标（表 4 - 40）。这些指标不仅紧密结合空手道组手专项特征，而且为优秀女子空手道组手运动员体能训练和监控提供一定理论参考。

表 4 - 40　我国优秀女子空手道组手运动员体能评价指标

一级指标	二级指标	三级指标	所在主因子贡献率/%
身体形态	身体充实度	克托莱指数	36.741
	身体长度	上肢长	34.675
	体脂含量	体脂百分比	18.995
生理机能	无氧代谢能力	相对最大无氧功率	37.491
	有氧代谢能力	相对最大摄氧量	22.298
	恢复能力	血尿素	21.599
运动素质	快速力量	20s 拳拳组合	23.480
	灵敏协调	10s 高抬腿 + 左右冲拳	19.490
	爆发力	立定跳远	18.350
	耐力	30s 迎击强度靶	17.203

由表4－40可知，我国优秀女子空手道组手运动员体能评价指标共包括身体形态、生理机能和运动素质3项一级指标。其中，身体形态包括身体充实度、身体长度和体脂含量3项二级指标，分别对应克托莱指数、上肢长和体脂百分比3项三级指标；生理机能包括无氧代谢能力、有氧代谢能力和恢复能力3项二级指标，分别对应相对最大无氧功率、相对最大摄氧量和血尿素3项三级指标；运动素质包括快速力量、灵敏协调、爆发力和耐力4项二级指标，分别对应20s拳拳组合、10s高抬腿＋左右冲拳、立定跳远和30s迎击强度靶4项三级指标。

4.3.2.5 小结

本研究在评价指标确定过程中，遵循完整性、科学性、客观性、可行性、灵活性原则，依次按照初选、德尔菲法复选和统计学优化3个步骤，最终筛选出能够全面、客观反映空手道组手项目特征的评价指标，包括身体形态、生理机能和运动素质3项一级指标、10项二级指标和10项三级指标。其中，身体形态典型评价指标为克托莱指数、上肢长和体脂百分比；生理机能典型评价指标为相对最大无氧功率、相对最大摄氧量和血尿素；运动素质典型评价指标为20s拳拳组合、10s高抬腿＋左右冲拳、立定跳远和30s迎击强度靶。

4.3.3 体能结构模型的构建

构建我国优秀女子空手道组手运动员体能结构模型是建立体能评价体系过程中的重要环节。前文所筛选的构成各要素的典型评价指标可以比较全面、客观地概括优秀女子空手道组手运动员体能特征的基本信息。本研究对这些典型评价指标进行数学描述和理论归纳，构建我国优秀女子空手道组手运动员体能结构模型。构建我国优秀女子空手道组手运动员体能结构模型的意义主要在于：①体能结构模型反映了我国优秀女子空手道组手运动员体能的共性特征，是对该项目体能特征的抽象概括和高度提炼；②体能结构模型的构建可以为我国优秀女子空手道组手运动员科学选材和基础训练提供一个导向作用，提高优秀运动员的成才率；③体能结构模型是评价运动员当前体能发展水平、制定训练规划的理论依据，是体能诊断和评价的基础。

4.3.3.1 我国优秀女子空手道组手运动员体能结构的一般模型

一般模型是以36名优秀女子空手道组手运动员体能测试数据为基础构建的。一般模型反映的是优秀女子空手道组手运动员体能的基本特征，是对优秀女子空手道组手运动员体能特征的一般性概括（表4-41）。模型不是一成不变的，随着运动员竞技水平的不断提高和项目规则的改变，模型也需要不断修正和调整。

表4-41 我国优秀女子空手道组手运动员体能结构的一般模型

结构	内容	典型评价指标	基本特征	-55kg	-61kg	+61kg
身体形态	身体充实度	克托莱指数	身体粗壮、上肢较长、体脂含量低	319.28 ± 18.73	355.16 ± 11.19	377.65.58 ± 8.34
	身体长度	上肢长/cm		73.74 ± 3.01	76.55 ± 2.36	79.31 ± 2.42
	体脂含量	体脂百分比/%		18.07 ± 1.13	19.39 ± 1.72	20.98 ± 1.77
生理机能	无氧代谢能力	相对最大无氧功率/（W·kg^{-1}）	无氧、有氧代谢能力强，恢复能力强	11.11 ± 0.46	10.89 ± 0.49	10.01 ± 0.65
	有氧代谢能力	相对最大摄氧量/[mL·（kg·min）$^{-1}$]		49.52 ± 1.30	49.29 ± 2.60	48.33 ± 2.17
	恢复能力	血尿素/（mmol·L^{-1}）		5.08 ± 0.81	5.50 ± 0.71	5.19 ± 0.61
运动素质	快速力量	20s拳拳组合/次	专项快速力量、爆发力、灵敏协调能力突出，耐力好	14.77 ± 1.58	14.83 ± 1.07	14.55 ± 1.16
	灵敏协调	10s高抬腿+左右冲拳/次		60.46 ± 4.31	57.54 ± 3.64	56.09 ± 4.64
	爆发力	立定跳远/m		2.17 ± 0.15	2.15 ± 0.10	2.13 ± 0.17
	耐力	30s迎击强度靶/次		30.08 ± 2.49	30.75 ± 2.05	28.91 ± 1.73

4.3.3.2 我国优秀女子空手道组手运动员体能结构的理想模型

我国优秀女子空手道组手运动员体能结构的一般模型只是标识了各项指标的上、下区间，由于区间存在较大的浮动空间，一般模型只能为优秀女子空手道组手运动员体能水平的发展提供一般的导向作用，反映优秀女子空手道组手运动员体能的基本特征。若想在今后国际大赛尤其是奥运会、世锦赛中争金夺银，就需要制定一个更加远大和明确的导向目标。因此，本研究提出我国优秀女子空手道组手运动员体能结构的理想模型这一概念，即将一般模型的各指标的第90百分位数作为理想模型的基准值，建立我国优秀女子空手道组手运动员体能结构的理想模型。（表4-42）

表 4 - 42　我国优秀女子空手道组手运动员体能结构的理想模型

结构	内容	典型评价指标	-55kg	-61kg	+61kg
身体形态	身体充实度	克托莱指数	≥345.98	≥375.97	≥387.32
	身体长度	上肢长/cm	≥79.83	≥79.49	≥81.70
	体脂含量	体脂百分比/%	≤16.28	≤17.26	≤18.45
生理机能	无氧代谢能力	相对最大无氧功率/（W·kg^{-1}）	≥11.69	≥11.53	≥11.34
	有氧代谢能力	相对最大摄氧量/[mL·（kg·min）$^{-1}$]	≥51.55	≥52.97	≥51.55
	恢复能力	血尿素/（mmol·L^{-1}）	≤4.06	≤4.13	≤4.07
运动素质	快速力量	20s 拳拳组合/次	≥17.20	≥16.70	≥16.00
	灵敏协调	10s 高抬腿 + 左右冲拳/次	≥65.80	≥63.40	≥61.00
	爆发力	立定跳远/m	≥2.37	≥2.32	≥2.43
	耐力	30s 迎击强度靶/次	≥34.20	≥33.70	≥31.80

4.3.3.3　小结

本研究以我国优秀女子空手道组手运动员体能指标实测数据为基础，通过指标的初选、德尔菲法复选和统计学优化，确定了优秀女子空手道组手运动员体能评价指标，进而对指标进行了赋值，构建了我国优秀女子空手道组手运动员体能结构的一般模型。一般模型反映了优秀女子空手道组手运动员体能的基本特征。而理想模型以一般模型的各指标的第 90 百分位数作为理想模型的基准值，反映了运动员群体中的优秀运动员体能特征。

4.3.4　指标权重的确定

在评价体系中，若要比较客观、合理地反映出各指标在评价体系中的重要程度，就需要尽可能准确地制定出各指标的权重。所谓权重，是指以客观数值的形式来衡量被评价对象总体中各个指标的重要程度。本研究中指标权重的确定分为一级指标权重的确定和二、三级指标权重的确定。

4.3.4.1　一级指标权重的确定

我国优秀女子空手道组手运动员体能评价体系一级指标权重的确定采用的是问

卷调查法。它具体分为以下几个步骤。

（1）将需要赋值的指标制成专家问卷，请空手道相关专家根据自己的经验对体能结构中一级指标（身体形态、生理机能和运动素质）的重要程度按照"非常重要""重要""一般""不重要""非常不重要"5个等级进行打分，分别为"5分""4分""3分""2分""1分"。

（2）回收专家问卷，计算指标得分。先统计每项指标为相同分数的次数，然后计算指标得分，指标得分等于该指标中的各等级分数乘以打分次数，最后相加求和，打分结果见表4-43。

表4-43　我国优秀女子空手道组手运动员体能评价体系一级指标权重专家评议结果（n=20）

指标	5分	4分	3分	2分	1分
身体形态	0	1	10	8	1
生理机能	0	3	12	2	3
运动素质	18	2	0	0	0

（3）运用加和法计算出各一级指标权重，计算公式如下：

$$W_i = \frac{\sum_{j=1}^{22} P_{ij}}{\sum_{i=1}^{5} \sum_{j=1}^{20} P_{ij}}(i = 1,2,\cdots,5)$$

式中，W_i——指标i的权重，P_{ij}——专家j对指标i的赋值。

经过上述步骤，得到我国优秀女子空手道组手运动员体能评价体系一级指标权重。（图4-10）

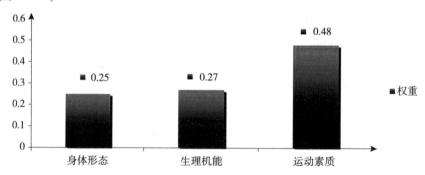

图4-10　我国优秀女子空手道组手运动员体能评价体系一级指标权重图

4.3.4.2　二、三级指标权重的确定

本研究在确定二、三级指标权重时主要采用了数理统计法，在前文进行因子分

析时得出各主因子贡献率的基础上，经过计算得到各二级指标和三级指标权重。（表4-44）另外，为了提高各指标权重的科学性，本研究编制了《我国优秀女子空手道组手运动员体能评价指标权重表》，对20位空手道相关专家进行了问卷调查，结果显示其中有18位专家较为认可本研究所确定的指标权重。因此，笔者认为本研究得出的体能评价体系的指标权重是较为客观、准确的。

表4-44　我国优秀女子空手道组手运动员体能评价指标权重表

一级指标	权重	二级指标	三级指标	权重	总权重
身体形态	0.25	身体充实度	克托莱指数	0.41	0.1025
		身体长度	上肢长	0.38	0.0950
		体脂含量	体脂百分比	0.21	0.0525
生理机能	0.27	无氧代谢能力	相对最大无氧功率	0.46	0.1242
		有氧代谢能力	相对最大摄氧量	0.27	0.0729
		恢复能力	血尿素	0.27	0.0729
运动素质	0.48	快速力量	20s 拳拳组合	0.30	0.1440
		灵敏协调	10s 高抬腿 + 左右冲拳	0.25	0.1200
		爆发力	立定跳远	0.23	0.1104
		耐力	30s 迎击强度靶	0.22	0.1056

4.3.4.3　小结

本研究采用专家打分的形式，确定了我国优秀女子空手道组手运动员体能评价体系一级指标权重，身体形态、生理机能和运动素质3项一级指标权重依次为0.25、0.27和0.48。另外，本研究通过因子分析法确定了每个主因子在一级指标中的贡献率，结合一级指标权重，最终确定了二、三级指标权重。

4.3.5　评价标准的制定与评价结果

如果想对事物进行价值判断，就需要制定一个合理的评价标准。评价标准是衡量一个事物发展水平的依据。通过与评价标准进行比较，可以将事物的发展水平进行客观、定量化的反映。目前，我国体育测量与评价在制定评价标准上主要有两种方法：一是评分评价标准，即将事物的发展水平以具体的得分反映出来；二是等级评价标准，即根据事物的不同发展水平，将其划分为若干个阶段和层次。评分评价标准和等级评价标准都由评价强度、频率和标度 3 个要素构成。评分评价标准可以分为单项指标评分评价标准和综合指标评分评价标准，等级评价标准可以分为单项指标等级评价标准和综合指标等级评价标准。本研究为了从不同角度来说明我国优秀女子空手道组手运动员体能发展水平，分别建立了评分评价标准和等级评价标准。（图 4 – 11）

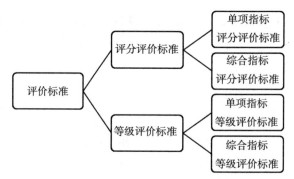

图 4 – 11　评分评价标准与等级评价标准分类图

4.3.5.1　评分评价标准的制定与评价结果

（1）单项指标评分评价标准的制定与评价结果。

①单项指标评分评价标准的制定。

为了比较客观、定量地反映我国优秀女子空手道组手运动员体能发展水平，本研究采用百分位数法制定了体能指标的评分评价标准。主要操作步骤如下：

a. 利用 Excel 软件找出该指标数列中的最大值（Max）和最小值（Min）。

b. 利用 Percentile 函数找出该组数列中的 10% ~90% 的数值。

c. 将最小值设置为 0 分，将最大值设置为 10 分，将 10% ~90% 的数值依次设定为 1 ~9 分。

按照以上步骤为我国优秀女子空手道组手运动员体能评价体系内所有指标制定单项指标评分评价标准。需要注意的是，体脂百分比与血尿素属于低优指标，在制定评分评价标准时需要将最大值设定为 0 分，最小值设定为 10 分，将10% ~90% 的数值依次设定为 1 ~9 分，与其他指标（高优指标）相反。（表 4 –45 至表 4 –47）。

表 4-45 我国优秀女子 -55kg 空手道组手运动员体能单项指标评分表（不加权）

得分	X1	X2	X3	X4	X5	X6	X7	X8	X9	X10
10	349.08	82.46	16.20	11.70	52.02	3.90	18	67	2.37	35
9	345.98	79.83	16.28	11.69	51.56	4.06	17	65	2.37	34
8	339.78	75.09	17.12	11.64	50.85	4.27	16	64	2.35	33
7	331.67	74.85	17.42	11.58	50.54	4.44	15	63	2.31	32
6	328.89	73.71	17.68	11.32	49.93	4.58	14	62	2.21	31
5	319.11	72.74	18.00	11.07	49.24	4.78	13	61	2.18	30
4	315.59	72.63	18.40	10.91	49.12	5.38	12	60	2.11	29
3	303.55	72.46	18.48	10.78	48.69	5.69	11	58	2.07	28
2	294.65	71.37	19.24	10.60	48.02	6.06	10	56	2.03	27
1	292.18	70.32	20.00	10.40	47.65	6.36	9	52	1.94	26
0	291.67	70.12	20.40	10.33	47.41	6.44	8	50	1.92	26

注：X1 至 X10 分别代表克托莱指数、上肢长（cm）、体脂百分比（%）、相对最大无氧功率（W/kg）、相对最大摄氧量［mL/（kg·min）］、血尿素（mmol/L）、20s 拳拳组合（次）、10s 高抬腿 + 左右冲拳（次）、立定跳远（m）、30s 迎击强度靶（次）。

表 4-46 我国优秀女子 -61kg 空手道组手运动员体能单项指标评分表（不加权）

得分	X1	X2	X3	X4	X5	X6	X7	X8	X9	X10
10	380.12	79.69	17.20	11.54	53.50	4.01	16	64	2.33	34
9	375.97	79.49	17.26	11.52	52.97	4.13	15	63	2.31	33
8	365.13	78.45	17.94	11.49	51.38	4.82	14	62	2.27	32
7	358.54	78.03	18.30	11.36	50.88	5.23	13	61	2.22	31
6	357.16	77.91	18.54	11.19	50.55	5.46	12	58	2.16	30
5	356.82	77.31	18.90	10.79	50.05	5.50	11	56	2.14	29
4	349.97	76.19	19.58	10.57	49.06	5.78	10	55	2.12	28
3	347.13	75.63	20.24	10.46	47.69	5.99	—	53	2.08	27
2	345.30	74.13	20.80	10.39	46.67	6.21	—	52	2.05	26
1	338.90	72.02	22.85	10.21	44.45	6.45	—	51	2.00	25
0	337.14	71.98	23.60	10.16	43.98	6.50	9	50	1.98	24

注：X1 至 X10 分别代表克托莱指数、上肢长（cm）、体脂百分比（%）、相对最大无氧功率（W/kg）、相对最大摄氧量［mL/（kg·min）］、血尿素（mmol/L）、20s 拳拳组合（次）、10s 高抬腿 + 左右冲拳（次）、立定跳远（m）、30s 迎击强度靶（次）。

表4-47　我国优秀女子+61kg空手道组手运动员体能单项指标评分表（不加权）

得分	X1	X2	X3	X4	X5	X6	X7	X8	X9	X10
10	387.64	81.76	18.30	11.53	51.73	4.05	15	61	2.44	32
9	387.32	81.70	18.45	11.34	51.55	4.07	14	60	2.39	31
8	385.85	81.45	19.22	10.53	50.45	4.34	13	59	2.35	30
7	385.00	81.20	19.68	10.20	49.67	4.98	12	58	2.25	29
6	380.22	81.02	20.20	10.02	49.30	5.31	11	57	2.18	28
5	378.98	80.87	20.80	9.99	48.33	5.40	10	56	2.04	27
4	377.38	78.88	21.16	9.76	48.27	5.45	9	55	2.02	26
3	374.16	77.38	22.16	9.68	47.16	5.54	—	54	2.00	25
2	369.36	76.87	23.42	9.56	45.31	5.78	—	53	1.99	24
1	360.86	74.70	23.66	9.02	44.93	5.93	—	51	1.93	23
0	359.12	74.23	23.70	8.90	44.93	5.95	8	50	1.92	22

注：X1至X10分别代表克托莱指数、上肢长（cm）、体脂百分比（%）、相对最大无氧功率（W/kg）、相对最大摄氧量［mL/（kg·min）］、血尿素（mmol/L）、20s拳拳组合（次）、10s高抬腿+左右冲拳（次）、立定跳远（m）、30s迎击强度靶（次）。

②单项指标评分评价标准（不加权）的评价结果。

将我国优秀女子空手道运动员体能指标测试结果按照不同级别分别代入单项指标评分评价标准，计算出各单项指标的得分。（表4-48至表4-50）

表4-48　我国优秀女子-55kg空手道组手运动员体能单项指标评分评价结果（不加权）

姓名	X1	X2	X3	X4	X5	X6	X7	X8	X9	X10
CYM	7	6	0	2	2	9	8	4	7	8
XJQ	3	7	2	2	8	2	7	7	3	6
WYC	10	2	10	1	7	2	10	10	8	10
DWJ	1	3	5	7	6	4	5	8	4	4
SWW	8	3	4	0	2	8	8	2	0	6
LCJ	2	10	4	5	10	4	4	0	2	1
LYQ	7	3	7	4	5	6	7	5	6	2
SJX	5	1	5	6	5	5	6	7	1	3
DJM	4	7	10	10	2	5	6	7	5	5
LRR	0	7	7	8	5	2	4	7	2	7
JYG	2	0	6	7	3	7	6	5	10	2
WSS	6	4	1	5	8	8	6	2	5	6
LJ	5	5	1	3	0	0	7	4	8	6

注：X1至X10分别代表克托莱指数、上肢长（cm）、体脂百分比（%）、相对最大无氧功率（W/kg）、相对最大摄氧量［mL/（kg·min）］、血尿素（mmol/L）、20s拳拳组合（次）、10s高抬腿+左右冲拳（次）、立定跳远（m）、30s迎击强度靶（次）。

表 4-49 我国优秀女子 -61kg 空手道组手运动员体能单项指标评分评价结果（不加权）

姓名	X1	X2	X3	X4	X5	X6	X7	X8	X9	X10
GYH	6	0	10	6	0	10	8	7	0	6
DN	7	8	3	0	3	5	8	10	5	9
CSJ	10	1	1	3	7	7	9	3	3	8
XYI	5	7	4	4	4	6	7	6	7	4
WJQ	8	4	8	5	6	1	8	8	4	5
YXY	3	7	7	4	10	1	10	7	8	10
RB	6	3	6	3	8	3	9	5	1	7
CWH	3	3	3	6	1	3	9	4	3	4
QT	0	10	0	2	6	5	10	3	8	8
RYL	5	3	7	10	7	7	10	3	8	9
ZYG	1	5	2	8	2	8	9	3	5	4
NCH	2	6	5	4	0	3	8	5	10	7

注：$X1$ 至 $X10$ 分别代表克托莱指数、上肢长（cm）、体脂百分比（%）、相对最大无氧功率（W/kg）、相对最大摄氧量［mL/（kg·min）］、血尿素（mmol/L）、20s 拳拳组合（次）、10s 高抬腿 + 左右冲拳（次）、立定跳远（m）、30s 迎击强度靶（次）。

表 4-50 我国优秀女子 +61kg 空手道组手运动员体能单项指标评分评价结果（不加权）

姓名	X1	X2	X3	X4	X5	X6	X7	X8	X9	X10
GL	2	3	7	6	7	3	10	10	9	7
WQ	5	2	1	1	5	2	8	7	0	7
LSQ	8	2	5	6	2	7	7	5	7	8
GP	5	8	5	5	3	5	8	2	3	6
TLL	8	6	6	0	6	3	5	8	2	6
GMM	10	4	10	7	10	4	9	5	6	10
ZCL	3	6	0	4	0	8	3	0	2	3
LQQ	4	5	8	3	8	0	4	3	5	6
CHQ	1	0	4	10	6	5	0	4	10	9
WML	0	8	3	8	5	10	6	9	5	7
TFL	6	10	1	3	1	7	7	1	4	7

注：$X1$ 至 $X10$ 分别代表克托莱指数、上肢长（cm）、体脂百分比（%）、相对最大无氧功率（W/kg）、相对最大摄氧量［mL/（kg·min）］、血尿素（mmol/L）、20s 拳拳组合（次）、10s 高抬腿 + 左右冲拳（次）、立定跳远（m）、30s 迎击强度靶（次）。

通过单项指标评分评价结果，我们可以清楚地看到每名运动员单项指标的具体得分。单项指标的具体得分反映的是运动员单项指标的发展水平。单项指标分值越高，说明运动员该体能要素的发展水平越高。

（2）综合指标评分评价标准的制定与评价结果。

综合指标评分评价标准是在单项指标评分评价标准的基础之上，根据单项指标权重的大小换算出来的。其计算公式如下：

$$N = - N_i \beta_i$$

式中，N_i——各单项指标的得分，β_i——各单项指标所占权重。

我国优秀女子空手道组手运动员体能综合指标评分评价标准的制定可以分为以下几个步骤：

①根据各单项指标在一级指标中的权重，计算出单项指标的加权得分（表4 – 51 至表4 – 53）。

②根据单项指标的加权得分，计算出一级指标的得分，如身体形态得分 = 克托莱指数得分（加权） + 上肢长得分（加权） + 体脂百分比得分（加权）。

③根据一级指标在整个评价体系中的权重，计算出一级指标的权重得分。

④将各项一级指标得分（加权）相加，即可得到体能综合得分（表4 – 54 至表4 – 56）。体能综合得分 = 身体形态得分（加权） + 生理机能得分（加权） + 运动素质得分（加权）。

表4 – 51 我国优秀女子 – 55kg 空手道组手运动员体能单项指标评分评价结果（加权）

姓名	X1	X2	X3	X4	X5	X6	X7	X8	X9	X10
CYM	2.87	2.28	0.00	0.92	0.54	2.43	2.40	1.00	1.61	1.76
XJQ	1.23	2.66	0.42	0.92	2.16	0.54	2.10	1.75	0.69	1.32
WYC	4.10	0.76	2.10	0.46	1.89	0.54	3.00	2.50	1.84	2.20
DWJ	0.41	1.14	1.05	3.22	1.62	1.08	1.50	2.00	0.92	0.88
SWW	3.28	1.14	0.84	0.00	0.54	2.16	2.40	0.50	0.00	1.32
LCJ	0.82	3.80	0.84	2.30	2.70	1.08	1.20	0.00	0.46	0.22
LYQ	2.87	1.14	1.47	1.84	1.35	1.62	2.10	1.25	1.38	0.44
SJX	2.05	0.38	1.05	2.76	1.35	1.35	1.80	1.75	0.23	0.66
DJM	1.64	2.66	2.10	4.60	0.54	1.35	1.80	1.75	1.15	1.10
LRR	0.00	2.66	1.47	3.68	1.35	0.54	1.20	1.75	0.46	1.54
JYG	0.82	0.00	1.26	3.22	0.81	1.89	1.80	1.25	2.30	0.44
WSS	2.46	1.52	0.21	2.30	2.16	2.16	1.80	0.50	1.15	1.32
LJ	2.05	1.90	0.21	1.38	0.00	0.00	2.10	1.00	1.84	1.32

注：X1 至 X10 分别代表克托莱指数、上肢长（cm）、体脂百分比（%）、相对最大无氧功率（W/kg）、相对最大摄氧量［mL/（kg·min）］、血尿素（mmol/L）、20s 拳拳组合（次）、10s 高抬腿 + 左右冲拳（次）、立定跳远（m）、30s 迎击强度靶（次）。

表4-52 我国优秀女子 -61kg 空手道组手运动员体能单项指标评分评价结果（加权）

姓名	$X1$	$X2$	$X3$	$X4$	$X5$	$X6$	$X7$	$X8$	$X9$	$X10$
GYH	2.46	0.00	2.10	2.76	0.00	2.70	2.40	1.75	0.00	1.32
DN	2.87	3.04	0.63	0.00	0.81	1.35	2.40	2.50	1.15	1.98
CSJ	4.10	0.38	0.21	1.38	1.89	1.89	2.70	0.75	0.69	1.76
XYI	2.05	2.66	0.84	1.84	1.08	1.62	2.10	1.50	1.61	0.88
WJQ	3.28	1.52	1.68	2.30	1.62	0.27	2.40	2.00	0.92	1.10
YXY	1.23	2.66	1.47	1.84	2.70	0.27	3.00	1.75	1.84	2.20
RB	2.46	1.14	1.26	1.38	2.16	0.81	2.70	1.25	0.23	1.54
CWH	1.23	1.14	0.63	2.76	0.27	0.81	2.70	1.00	0.69	0.88
QT	0.00	3.80	0.00	0.92	1.62	1.35	3.00	0.75	1.84	1.76
RYL	2.05	1.14	1.47	4.60	1.89	1.89	3.00	0.75	1.84	1.98
ZYG	0.41	1.90	0.42	3.68	0.54	2.16	2.70	0.75	1.15	0.88
NCH	0.82	2.28	1.05	1.84	0.00	0.81	2.40	1.25	2.30	1.54

注：$X1$ 至 $X10$ 分别代表克托莱指数、上肢长（cm）、体脂百分比（%）、相对最大无氧功率（W/kg）、相对最大摄氧量［mL／（kg·min）］、血尿素（mmol/L）、20s拳拳组合（次）、10s高抬腿＋左右冲拳（次）、立定跳远（m）、30s迎击强度靶（次）。

表4-53 我国优秀女子 +61kg 空手道组手运动员体能单项指标评分评价结果（加权）

姓名	$X1$	$X2$	$X3$	$X4$	$X5$	$X6$	$X7$	$X8$	$X9$	$X10$
GL	0.82	1.14	1.47	2.76	1.89	0.81	3.00	2.50	2.07	1.54
WQ	2.05	0.76	0.21	0.46	1.35	0.54	2.40	1.75	0.00	1.54
LSQ	3.28	0.76	1.05	2.76	0.54	1.89	2.10	1.25	1.61	1.76
GP	2.05	3.04	1.05	2.30	0.81	1.35	2.40	0.50	0.69	1.32
TLL	3.28	2.28	1.26	0.00	1.62	0.81	1.50	2.00	0.46	1.32
GMM	4.10	1.52	2.10	3.22	2.70	1.08	2.70	1.25	1.38	2.20
ZCL	1.23	2.28	0.00	1.84	0.00	2.16	0.90	0.00	0.46	0.66
LQQ	1.64	1.90	1.68	1.38	2.16	0.00	1.20	0.75	1.15	1.32
CHQ	0.41	0.00	0.84	4.60	1.62	1.35	0.00	1.00	2.30	1.98
WML	0.00	3.04	0.63	3.68	1.35	2.70	1.80	2.25	1.15	1.54
TFL	2.46	3.80	0.21	1.38	0.27	1.89	2.10	0.25	0.92	1.54

注：$X1$ 至 $X10$ 分别代表克托莱指数、上肢长（cm）、体脂百分比（%）、相对最大无氧功率（W/kg）、相对最大摄氧量［mL／（kg·min）］、血尿素（mmol/L）、20s拳拳组合（次）、10s高抬腿＋左右冲拳（次）、立定跳远（m）、30s迎击强度靶（次）。

表4-54 我国优秀女子-55kg空手道组手运动员体能综合指标评分评价结果

姓名	不加权			加权			
	身体形态	生理机能	运动素质	身体形态	生理机能	运动素质	综合
CYM	5.15	3.89	6.77	1.29	1.05	3.25	5.59
XJQ	4.31	3.62	5.86	1.08	0.98	2.81	4.87
WYC	6.96	2.89	9.54	1.74	0.78	4.58	7.10
DWJ	2.60	5.92	5.30	0.65	1.60	2.54	4.79
SWW	5.26	2.70	4.22	1.32	0.73	2.03	4.07
LCJ	5.46	6.08	1.88	1.37	1.64	0.90	3.91
LYQ	5.48	4.81	5.17	1.37	1.30	2.48	5.15
SJX	3.48	5.46	4.44	0.87	1.47	2.13	4.48
DJM	6.40	6.49	5.80	1.60	1.75	2.78	6.14
LRR	4.13	5.57	4.95	1.03	1.50	2.38	4.91
JYG	2.08	5.92	5.79	0.52	1.60	2.78	4.90
WSS	4.19	6.62	4.77	1.05	1.79	2.29	5.12
LJ	4.16	1.38	6.26	1.04	0.37	3.00	4.42

表4-55 我国优秀女子-61kg空手道组手运动员体能综合指标评分评价结果

姓名	不加权			加权			
	身体形态	生理机能	运动素质	身体形态	生理机能	运动素质	综合
GYH	4.56	5.46	5.47	1.14	1.47	2.63	5.24
DN	6.54	2.16	8.03	1.64	0.58	3.85	6.07
CSJ	4.69	5.16	5.90	1.17	1.39	2.83	5.40
XYI	5.55	4.54	6.09	1.39	1.23	2.92	5.54
WJQ	6.48	4.19	6.42	1.62	1.13	3.08	5.83
YXY	5.36	4.81	8.79	1.34	1.30	4.22	6.86
RB	4.86	4.35	5.72	1.22	1.17	2.75	5.14
CWH	3.00	3.84	5.27	0.75	1.04	2.53	4.32
QT	3.80	3.89	7.35	0.95	1.05	3.53	5.53
RYL	4.66	8.38	7.57	1.17	2.26	3.63	7.06
ZYG	2.73	6.38	5.48	0.68	1.72	2.63	5.04
NCH	4.15	2.65	7.49	1.04	0.72	3.60	5.35

表4-56 我国优秀女子+61kg空手道组手运动员体能综合指标评分评价结果

姓名	不加权			加权			
	身体形态	生理机能	运动素质	身体形态	生理机能	运动素质	综合
GL	3.43	5.46	9.11	0.86	1.47	4.37	6.70
WQ	3.02	2.35	5.69	0.76	0.63	2.73	4.12
LSQ	5.09	5.19	6.72	1.27	1.40	3.23	5.90
GP	6.14	4.46	4.91	1.54	1.20	2.36	5.10
TLL	6.82	2.43	5.28	1.71	0.66	2.53	4.90
GMM	7.72	7.00	7.53	1.93	1.89	3.61	7.43
ZCL	3.51	4.00	2.02	0.88	1.08	0.97	2.93
LQQ	5.22	3.54	4.42	1.31	0.96	2.12	4.38
CHQ	1.25	7.57	5.28	0.31	2.04	2.53	4.89
WML	3.67	7.73	6.74	0.92	2.09	3.24	6.24
TFL	6.47	3.54	4.81	1.62	0.96	2.31	4.88

通过综合指标评分评价结果，我们可以看出每名运动员的体能综合得分情况。体能综合得分代表运动员体能发展的整体水平。

4.3.5.2 等级评价标准的制定与评价结果

（1）单项指标等级评价标准的制定与评价结果。

①单项指标等级评价标准的制定。

为了比较客观地反映优秀女子空手道组手运动员体能发展水平和层次性，需要制定一个可以进行统一评价的标准，便于准确、定量化地反映指标的发展水平和层次性。本研究采用百分位数法制定我国优秀女子空手道组手运动员体能单项指标等级评价标准。单项指标评分标准等级对应得分划分见表4-57。具体操作方法如下：

a. 分别找出所测优秀运动员单项成绩的10%、30%、70%和90%等4个百分位点的数据。

b. 根据上述4个百分位点划分不同的成绩区间，P_{10}以下、$P_{10} \sim P_{30}$、$P_{30} \sim P_{70}$、$P_{70} \sim P_{90}$以及P_{90}以上。

c. 根据不同的成绩区间，由高到低分别对应一等、二等、三等、四等和五等5个等级。

d. 根据各指标权重，以100分为满分计算该指标的分值；同时，按照100：80：60：40：20的比例划分不同等级的分值。

表 4 –57　单项指标评分标准等级对应得分划分表

等级	百分位数	高优指标	等级	百分位数	低优指标
一等	P_{90} 以上	100	一等	P_{10} 以下	100
二等	$P_{70} \sim P_{90}$	80	二等	$P_{10} \sim P_{30}$	80
三等	$P_{30} \sim P_{70}$	60	三等	$P_{30} \sim P_{70}$	60
四等	$P_{10} \sim P_{30}$	40	四等	$P_{70} \sim P_{90}$	40
五等	P_{10} 以下	20	五等	P_{90} 以上	20

按照此步骤，本研究制定了我国优秀女子空手道组手运动员体能单项指标等级评价标准，见表 4 –58 至表 4 –60。需要说明的是，体脂百分比与血尿素是低优指标，即指标结果越小越好，因此将这 2 项指标的最高结果对应于 P_{10} 处，将最低结果对应于 P_{90} 处，其余指标按照正常顺序划分。

表 4 –58　我国优秀女子 –55kg 空手道组手运动员体能单项指标评分表（加权）

指标	一等	二等	三等	四等	五等
	100 分	80 分	60 分	40 分	20 分
克托莱指数	≥346.1	331.8 ~ 346.0	303.6 ~ 331.7	292.3 ~ 303.5	≤292.2
得分	10.25	8.20	6.15	4.10	2.05
上肢长/cm	≥79.9	74.9 ~ 79.8	72.5 ~ 74.8	70.4 ~ 72.4	≤70.3
得分	9.5	7.6	5.7	3.8	1.9
体脂百分比/%	≤16.3	16.4 ~ 17.4	17.5 ~ 18.4	18.5 ~ 20.0	≥20.1
得分	5.25	4.20	3.15	2.10	1.05
相对最大 无氧功率/（W·kg^{-1}）	≥11.2	10.8 ~ 11.1	9.6 ~ 10.7	8.7 ~ 9.5	≤8.6
得分	12.42	9.94	7.45	4.97	2.48
相对最大摄氧量/ ［mL·（kg·min）$^{-1}$］	≥51.6	50.6 ~ 51.5	48.7 ~ 50.5	47.7 ~ 48.6	≤47.6
得分	7.29	5.83	4.37	2.92	1.46
血尿素/（mmol·L^{-1}）	≤4.0	4.1 ~ 4.4	4.5 ~ 5.6	5.7 ~ 6.3	≥6.4
得分	7.29	5.83	4.37	2.92	1.46
20s 拳拳组合/次	≥17	16	15	13 ~ 14	≤12
得分	14.40	11.52	8.64	5.76	2.88
10s 高抬腿 + 左右冲拳/次	≥66	63 ~ 65	60 ~ 62	53 ~ 59	≤52
得分	12.0	9.6	7.2	4.8	2.4
立定跳远/m	≥2.37	2.31 ~ 2.36	2.07 ~ 2.30	1.95 ~ 2.06	≤1.94
得分	11.04	8.83	6.62	4.42	2.21
30s 迎击强度靶/次	≥34	32 ~ 33	29 ~ 31	27 ~ 28	≤26
得分	10.56	8.45	6.34	4.22	2.11

表 4-59　我国优秀女子 -61kg 空手道组手运动员体能单项指标评分表（加权）

指标	一等	二等	三等	四等	五等
	100 分	80 分	60 分	40 分	20 分
克托莱指数	≥376.1	358.6~376.0	347.2~358.5	338.9~347.1	≤338.8
得分	10.25	8.20	6.15	4.10	2.05
上肢长/cm	≥79.5	78.0~79.4	75.6~77.9	72.0~75.5	≤71.9
得分	9.5	7.6	5.7	3.8	1.9
体脂百分比/%	≤17.2	17.3~18.3	18.4~20.2	20.3~22.8	≥22.9
得分	5.25	4.20	3.15	2.10	1.05
相对最大无氧功率/（W·kg^{-1}）	≥11.5	10.5~11.1	9.4~10.4	8.2~9.3	≤8.1
得分	12.42	9.94	7.45	4.97	2.48
相对最大摄氧量/[mL·（kg·min）$^{-1}$]	≥53.0	50.9~52.9	47.7~50.8	44.5~47.6	≤44.4
得分	7.29	5.83	4.37	2.92	1.46
血尿素/（mmol·L^{-1}）	≤4.1	4.2~5.2	5.3~5.9	6.0~6.4	≥6.5
得分	7.29	5.83	4.37	2.92	1.46
20s 拳拳组合/次	≥17	16	15	13~14	≤12
得分	14.40	11.52	8.64	5.76	2.88
10s 高抬腿 + 左右冲拳/次	≥64	61~63	54~60	50~54	≤49
得分	12.0	9.6	7.2	4.8	2.4
立定跳远/m	≥2.32	2.23~2.31	2.08~2.22	1.99~2.07	≤1.98
得分	11.04	8.83	6.62	4.42	2.21
30s 迎击强度靶/次	≥34	32~33	29~31	26~28	≤25
得分	10.56	8.45	6.34	4.22	2.11

表 4-60　我国优秀女子 +61kg 空手道组手运动员体能单项指标评分表（加权）

指标	一等	二等	三等	四等	五等
	100 分	80 分	60 分	40 分	20 分
克托莱指数	≥387.3	385.0~387.2	374.2~384.9	360.9~374.1	≤360.8
得分	10.25	8.20	6.15	4.10	2.05
上肢长/cm	≥81.7	81.3~81.6	77.5~81.2	74.8~77.4	≤74.7
得分	9.5	7.6	5.7	3.8	1.9
体脂百分比/%	≤18.4	18.5~19.6	19.7~22.1	22.2~23.6	≥23.7
得分	5.25	4.20	3.15	2.10	1.05
相对最大无氧功率/（W·kg^{-1}）	≥11.4	10.2~11.3	9.7~10.1	9.1~9.6	≤9.0
得分	12.42	9.94	7.45	4.97	2.48

续表

指标	一等	二等	三等	四等	五等
	100 分	80 分	60 分	40 分	20 分
相对最大摄氧量/ [mL·(kg·min)$^{-1}$]	≥51.6	49.7~51.5	47.2~49.6	45.0~47.1	≤44.9
得分	7.29	5.83	4.37	2.92	1.46
血尿素/(mmol·L^{-1})	≤4.0	4.1~4.9	5.0~5.5	5.6~5.8	≥5.9
得分	7.29	5.83	4.37	2.92	1.46
20s 拳拳组合/次	≥16	15	13~14	11~12	≤10
得分	14.40	11.52	8.64	5.76	2.88
10s 高抬腿 + 左右冲拳/次	≥62	59~61	54~58	47~53	≤46
得分	12.0	9.6	7.2	4.8	2.4
立定跳远/m	≥2.43	2.26~2.42	2.01~2.25	1.94~2.00	≤1.93
得分	11.04	8.83	6.62	4.42	2.21
30s 迎击强度靶	≥32	30~31	27~29	24~26	≤23
得分	10.56	8.45	6.34	4.22	2.11

②单项指标等级评价标准的评价结果。

将我国优秀女子空手道组手运动员指标的实测结果按照体重级别的划分分别代入表4-58至表4-60，就可以得到每名运动员的体能单项指标的评价结果，结果见表4-61至表4-63。

表4-61　我国优秀女子-55kg 空手道组手运动员体能单项指标评价结果

姓名	X1	X2	X3	X4	X5	X6	X7	X8	X9	X10
CYM	8.20	5.70	1.05	4.97	2.92	7.29	11.52	7.20	8.83	8.45
XJQ	6.15	7.60	2.10	4.97	5.83	2.92	8.64	9.60	6.62	6.34
WYC	10.25	3.80	5.25	4.97	5.83	1.46	14.40	12.00	8.83	10.56
DWJ	4.10	3.80	3.15	9.94	5.83	2.92	8.64	9.60	6.62	6.34
SWW	8.20	5.70	3.15	2.48	2.92	5.83	11.52	4.80	2.21	6.34
LCJ	4.10	9.50	3.15	7.45	7.29	4.37	2.88	2.40	4.42	2.11
LYQ	8.20	5.70	4.20	7.45	4.37	4.37	5.76	7.20	6.62	4.22
SJX	6.15	3.80	3.15	7.45	4.37	4.37	5.76	9.60	4.42	4.22
DJM	6.15	7.60	4.20	12.42	2.92	4.37	5.76	9.60	6.62	6.34
LRR	2.05	7.60	4.20	9.94	4.37	2.92	2.88	9.60	4.42	8.45
JYG	4.10	1.90	3.15	9.94	4.37	5.83	8.64	7.20	11.04	4.22
WSS	6.15	5.70	2.10	7.45	5.83	5.83	8.64	4.80	6.62	6.34
LJ	6.15	5.70	2.10	7.45	1.46	1.46	11.52	7.20	8.83	6.34

注：X1 至 X10 分别代表克托莱指数、上肢长（cm）、体脂百分比（%）、相对最大无氧功率（W/kg）、相对最大摄氧量 [mL/（kg·min）]、血尿素（mmol/L）、20s 拳拳组合（次）、10s 高抬腿 + 左右冲拳（次）、立定跳远（m）、30s 迎击强度靶（次）。

表 4 –62 　我国优秀女子 –61kg 空手道组手运动员体能单项指标评价结果

姓名	X1	X2	X3	X4	X5	X6	X7	X8	X9	X10
GYH	6.15	1.90	5.25	9.94	1.46	7.29	5.76	9.6	2.21	6.34
DN	8.2	7.6	3.15	2.48	4.37	4.37	5.76	12	6.62	8.45
CSJ	10.25	3.8	2.1	4.97	4.37	4.37	8.64	4.8	6.62	8.45
XYI	6.15	7.6	3.15	9.94	4.37	4.37	2.88	4.8	6.62	2.11
WJQ	8.2	5.7	4.2	9.94	4.37	1.46	5.76	7.2	6.62	4.22
YXY	6.15	7.6	3.15	9.94	7.29	1.46	14.4	9.6	8.83	10.56
RB	6.15	5.7	3.15	7.45	5.83	4.37	8.64	9.6	4.42	6.34
CWH	6.15	3.8	3.15	9.94	2.92	2.92	8.64	7.2	6.62	2.11
QT	2.05	9.5	1.05	7.45	4.37	4.37	11.52	7.2	8.83	8.45
RYL	6.15	5.7	3.15	12.42	5.83	5.83	11.52	4.8	6.62	8.45
ZYG	4.1	5.7	2.1	2.92	2.92	5.83	8.64	4.8	6.62	2.11
NCH	4.1	5.7	3.15	9.94	4.37	2.92	5.76	7.2	11.04	8.45

注：X1 至 X10 分别代表克托莱指数、上肢长（cm）、体脂百分比（%）、相对最大无氧功率（W/kg）、相对最大摄氧量 [mL/（kg·min）]、血尿素（mmol/L）、20s 拳拳组合（次）、10s 高抬腿 + 左右冲拳（次）、立定跳远（m）、30s 迎击强度靶（次）。

表 4 –63 　我国优秀女子 +61kg 空手道组手运动员体能单项指标评价结果

姓名	X1	X2	X3	X4	X5	X6	X7	X8	X9	X10
GL	4.10	3.80	4.20	7.45	5.83	2.92	11.52	12.00	8.83	6.34
WQ	6.15	3.80	2.10	4.97	5.83	2.92	11.52	7.20	2.21	6.34
LSQ	8.20	5.70	3.15	7.45	2.92	5.83	14.40	7.20	8.83	8.45
GP	6.15	7.60	3.15	7.45	4.37	4.37	5.76	4.80	6.62	4.22
TLL	8.20	5.70	3.15	2.48	4.37	4.37	11.52	7.20	4.42	2.11
GMM	10.25	5.70	5.25	9.94	7.29	4.37	8.64	7.20	6.62	10.56
ZCL	6.15	5.70	5.25	9.94	7.29	4.37	8.64	7.20	6.62	4.22
LQQ	6.15	5.70	4.20	7.45	5.83	1.46	14.40	4.80	6.62	4.22
CHQ	4.10	1.90	3.15	12.42	4.37	4.37	14.40	7.20	11.04	8.45
WML	2.05	7.60	3.15	9.94	4.37	7.29	8.64	9.60	6.62	6.34
TFL	6.15	7.60	2.10	4.97	1.46	4.37	5.76	12.00	6.62	6.34

注：X1 至 X10 分别代表克托莱指数、上肢长（cm）、体脂百分比（%）、相对最大无氧功率（W/kg）、相对最大摄氧量 [mL/（kg·min）]、血尿素（mmol/L）、20s 拳拳组合（次）、10s 高抬腿 + 左右冲拳（次）、立定跳远（m）、30s 迎击强度靶（次）。

（2）综合指标等级评价标准的制定与评价结果。

①综合指标等级评价标准的制定。

为了使我国优秀女子空手道组手运动员体能发展水平的差异性和整体性得到充

分的反映，本研究在单项指标等级评价标准基础之上进一步构建了综合指标等级评价标准，为教练员客观地评价运动员体能整体发展水平提供理论依据。我国优秀女子空手道组手运动员体能综合指标等级评价标准（加权）见表4-64。综合指标等级评价标准建立步骤如下：

a. 根据全样本指标的单项评分表，将运动员的测试结果按照单项指标等级评价标准进行评价，将实测数据转化为分值。

b. 根据典型评价指标的分类，分别计算运动员身体形态、生理机能和运动素质得分，根据每项指标的分数及其权重，得到指标的加权分值，将加权分值累加，即可得到运动员体能发展水平的整体得分。

c. 计算全样本总体得分的 P_{10}、P_{30}、P_{70}、P_{90} 的百分位数，得到综合指标等级评价标准。

表4-64 我国优秀女子空手道组手运动员体能综合指标等级评价标准（加权）

指标	上等 P_{90} 以上	中上等 $P_{70} \sim P_{90}$	中等 $P_{30} \sim P_{70}$	中下等 $P_{10} \sim P_{30}$	下等 P_{10} 以下
身体形态	≥18.36	16.90~18.35	13.12~16.89	11.66~13.11	≤11.65
生理机能	≥21.60	18.69~21.59	15.25~18.68	11.23~15.24	≤11.22
运动素质	≥39.54	32.35~39.53	25.27~32.34	21.95~25.26	≤21.94
综合标准	≥73.24	65.33~73.23	56.53~65.32	52.97~56.52	≤52.96

②综合指标等级评价标准的评价结果。

综合指标等级评价标准的评价结果是建立在全样本基础之上，对我国优秀女子空手道组手运动员身体形态、生理机能和运动素质3项一级指标成绩以及综合成绩结果的等级评价，能更加直观和准确地反映运动员体能一级指标成绩和综合成绩的发展水平和差异性。（表4-65至表4-67）

表4-65 我国优秀女子-55kg空手道组手运动员体能综合指标等级评价结果

姓名	身体形态	生理机能	运动素质	综合
CYM	中下	中下	中上	中上
XJQ	中	中下	中	中上
WYC	上	中下	上	上
DWJ	下	中上	中	中
SWW	中上	中上	中下	中上
LCJ	中	中上	下	下
LYQ	中上	中	中下	中
SJX	中下	中	中下	中下

续表

姓名	身体形态	生理机能	运动素质	综合
DJM	中上	中上	中	中上
LRR	中	中	中	中
JYG	下	中上	中上	中
WSS	中	中上	中	中
LJ	中	下	中上	中

表 4-66　我国优秀女子 -61kg 空手道组手运动员体能综合指标等级评价结果

姓名	身体形态	生理机能	运动素质	综合
GYH	中	中上	中下	中下
DN	上	下	中上	中
CSJ	中	中下	中	中
XYI	中上	中	下	下
WJQ	中上	中	中下	中
YXY	中上	中上	上	上
RB	中	中	中	中
CWH	中下	中	中下	中下
QT	中下	中	中上	中
RYL	中	上	中	中上
ZYG	中下	中上	中下	下
NCH	中下	中	中上	中

表 4-67　我国优秀女子 +61kg 空手道组手运动员体能综合指标等级评价结果

姓名	身体形态	生理机能	运动素质	综合
GL	中下	中	中上	中上
WQ	中下	中下	中	中下
LSQ	中上	中	中上	中上
GP	中上	中	下	中下
TLL	中上	下	中下	中下
GMM	上	上	中上	上
ZCL	中上	上	中	中上
LQQ	中上	中下	中	中
CHQ	下	中上	上	中上
WML	中下	上	中	中上
TFL	中	中	中	中

4.3.6 评价标准的回代检验

为了验证评价标准的准确性和客观性，本研究对被试运动员测试结果进行样本回代检验，结果见表4-68，结果对比雷达图如图4-12所示。具体操作方法如下：

（1）整理所有运动员的测试数据。

（2）将每名运动员测试数据代入本研究评价标准，查看其相应得分。

（3）将每个指标得分按照其所占权重换算成分数并相加，依据综合得分查到相对应等级。

表4-68　不同水平女子空手道组手运动员体能综合评价回代检验结果

等级	优秀组	一般组
上	3	1
中上	9	2
中	14	5
中下	7	14
下	3	10
合计	36	32

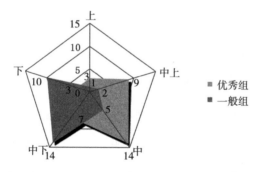

图4-12　不同水平女子空手道组手运动员体能综合评价回代检验结果对比雷达图

结果显示：在优秀组运动员中有3名运动员达到了上等，达到中等及以上的运动员有26人，占优秀组样本总数的72.2%；在一般组运动员中共有8人达到中等及以上级别，说明优秀组运动员在体能综合成绩上明显高于一般组运动员。从图4-12所示雷达图的分布程度上来看，优秀组运动员多数分布在中等和中上等两个区域，而一般组运动员多数分布在中下等和下等两个区域，说明我国优秀女子空手道组手运动员体能评价体系能够较为客观、合理地反映不同等级空手道组手运动员的体能发展水平，将其应用于我国优秀女子空手道组手运动员体能评价和诊断是有效的、可行的。

另外，为了验证本研究所构建的体能评价体系的评价结果与空手道专业教练员的主观经验判定结果是否一致，本研究对评价体系测试结果与教练员主观打分结果进行了相关性分析。在测试过程中，本研究随机抽取北京体育大学空手道代表队 8 名女子组手运动员（表 4 - 69），并对其进行体能评价体系中 10 项指标测试，然后将测试结果代入评价标准，得出 8 名运动员的体能综合得分情况。在对 8 名运动员进行 10 项指标测试的过程中，本研究请北京体育大学空手道专项 3 名教练员（主教练 1 名、助理教练 2 名）对 8 名运动员的体能水平进行主观打分。在进行主观打分前，本研究对教练员解释了测试指标的具体内容、权重和意义；与教练员就打分的目的协商一致后，请教练员对 8 名运动员进行体能水平的主观评价，并将 3 名教练员主观打分的平均分作为每名运动员的最终的主观得分。将 8 名运动员的体能测试评价结果和主观评分结果进行 Kendall 相关性检验，检验结果显示：两个评分结果相关系数 $K = 0.831$，存在较强的相关性，说明本研究所构建的体能评价体系的评价结果与教练员主观判定结果一致性较高。（表 4 - 70）

表 4 - 69 回代检验运动员基本情况

数量	身高/cm	体重/kg	训练年限/年	运动成绩
8	171.2 ± 3.3	59.7 ± 4.0	5.1 ± 2.7	全国前三及以上

表 4 - 70 评价结果与打分结果表

结果	身体形态（25 分）	生理机能（27 分）	运动素质（48 分）	综合（100 分）
测试评价结果	14.3 ± 2.4	16.4 ± 3.5	33.1 ± 6.7	63.8 ± 7.8
主观打分结果	15.3 ± 2.7	17.5 ± 3.2	35.0 ± 6.1	67.8 ± 7.8

4.3.7 小结

本研究以空手道专项特征为理论前提，以我国优秀女子空手道组手运动员体能发展水平为评价对象，以我国优秀女子空手道组手运动员体能水平的定量评估和提高为评价目的，构建了包括评价指标、指标权重和评价标准 3 个部分在内的优秀女子空手道组手运动员体能评价体系。其中，评价指标的构建通过指标初选、德尔菲法复选和统计学优化 3 个步骤完成，分别构建了 3 项一级指标、10 项二级指标和 10 项三级指标。一级指标权重由大到小依次为运动素质 0.48、生理机能 0.27 和身体形态 0.25。评价标准分为评分评价标准和等级评价标准，每个评价标准又分为单项指标评价标准和综合指标评价标准。本研究在将一般组运动员与优秀组运动员的测试成绩代入体能评价体系后发现，优秀组运动员体能综合成绩明显高于一般组运动员体能综合成绩。另外，评价体系的评价结果与教练员主观评价一致性较高，具有一定的实用性，说明本研究构建的体能评价体系能够反映出不同水平女子空手道组手运动员在体能发展水平上的差异性。

4.4 我国优秀女子空手道组手运动员体能存在的问题

4.4.1 我国优秀女子空手道组手运动员体能整体水平分析

构建体能评价体系的目的是对运动员体能发展水平进行评估与诊断。由于篇幅有限，本研究将对体能测试成绩中处于"中上"及以上共 12 名运动员的体能成绩进行分析，详见表 4 – 71。

表 4 – 71　体能得分处于"中上"及以上共 12 名运动员单项成绩及综合等级分布

姓名	X1	X2	X3	X4	X5	X6	X7	X8	X9	X10	等级
GMM	10	4	10	7	10	4	9	5	6	10	上
YXY	3	7	7	4	10	1	10	7	8	10	上
WYC	10	2	10	1	7	2	10	10	8	10	上
RYL	5	3	7	10	7	7	10	3	8	9	中上
DJM	4	7	10	10	2	5	6	7	5	5	中上
WML	0	8	3	8	5	10	6	9	5	7	中上
GL	2	3	7	6	7	3	10	10	9	7	中上
XJQ	8	4	8	5	6	1	8	8	4	5	中上
LSQ	8	2	5	6	2	7	7	5	2	8	中上
ZCL	7	8	3	0	3	5	8	10	5	9	中上
CHQ	5	7	4	4	4	6	7	6	7	4	中上
CYM	7	6	0	2	2	9	8	4	7	8	中上

注：X1 至 X10 分别代表克托莱指数、上肢长（cm）、体脂百分比（%）、相对最大无氧功率（W/kg）、相对最大摄氧量［mL／（kg·min）］、血尿素（mmol/L）、20s 拳拳组合（次）、10s 高抬腿 + 左右冲拳（次）、立定跳远（m）、30s 迎击强度靶（次）。

为了能够更好地分析前 12 名运动员体能单项水平存在的问题，本研究对前 12 名运动员各单项指标达到满分的频次和各单项指标平均得分情况进行了统计，统计结果如图 4 – 13、图 4 – 14 所示。

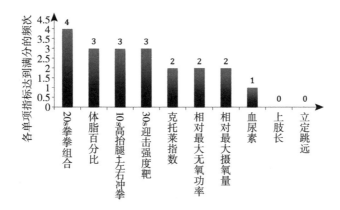

图 4 – 13　前 12 名运动员各单项指标达到满分的频次

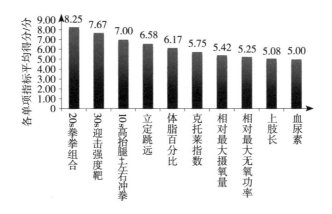

图 4 – 14　前 12 名运动员各单项指标平均得分

对图 4 – 13、图 4 – 14 所示统计结果的总结如下：

（1）20s 拳拳组合是出现满分次数最多、平均得分最高的指标。

20s 拳拳组合是反映组手运动员专项快速力量的重要指标，且与比赛常用技术紧密结合，是各级运动队在日常训练中都非常重视的一项运动素质。从平均得分的情况来看，20s 拳拳组合也是 10 项指标中分值最高的，既说明该项指标在优秀运动员日常训练中得到了足够的重视，也说明了专项快速力量在空手道组手比赛中的重要性。

（2）体脂百分比、10s 高抬腿 + 左右冲拳、30s 迎击强度靶满分次数较高、平均得分较高。

除了 20s 拳拳组合，在前 12 名运动员中体脂百分比、10s 高抬腿 + 左右冲拳、

30s迎击强度靶各出现了3次满分，平均得分也处于10项指标中较为靠前的位置。体脂百分比反映了运动员身体脂肪含量情况，在体重级别相同的情况下，较低的体脂含量更有利于运动员运动能力的发挥。10s高抬腿＋左右冲拳反映了运动员专项灵敏协调能力。从组手比赛技术动作特征分析来看，专项灵敏协调能力对运动员至关重要。30s迎击强度靶则反映运动员专项力量耐力和抗疲劳的能力，同时与专项技术紧密结合，对长时间保持高功率的输出起到重要作用。

（3）相对最大无氧功率、相对最大摄氧量能力仍需要进一步提高。

在前12名运动员体能测试成绩中，相对最大无氧功率和相对最大摄氧量2项指标出现满分2次，其平均得分也处于10项指标中较为靠后的位置，说明运动员在这2项指标上仍有较大的提升空间。有氧、无氧代谢能力是运动员重要的生理机能指标。相对最大无氧功率反映机体磷酸原供能能力，该项能力是运动员技术动作启动、加速和制动的重要保障；相对最大摄氧量则反映机体有氧供能能力，该项能力是运动员持续整天比赛以及清除疲劳、恢复体力的重要保障。因此，我国优秀女子空手道组手运动员仍然需要在这2项指标上加强训练。

（4）注重选拔具有出色身体形态的苗子运动员。

体脂百分比、克托莱指数和上肢长均是反映优秀组运动员身体形态的典型指标。其中，体脂百分比和克托莱指数可以通过后天训练进行改善，而上肢长却受遗传因素影响较大，后天训练难以改善。根据空手道组手比赛特点，上肢较长可以使运动员获得更有利的距离优势。在前12名运动员上肢长指标测试成绩中没有满分出现，且平均得分也较低，说明目前我国优秀女子空手道组手运动员在上肢长指标上仍然不理想，在今后的运动员选材中要注重选拔具有出色身体形态、适合从事空手道组手训练的苗子运动员。

4.4.2　我国优秀女子空手道组手运动员体能个体水平分析

为了更加直观地了解个体运动员在具体体能指标上存在的优势与劣势，为今后的科学化体能训练制定符合其自身特点的个性化训练内容，本研究分别针对部分重点女子组手运动员体能发展水平进行个性化诊断。由于篇幅有限，本研究从3个级别运动员中分别选取了1名具有代表性的运动员，这3名运动员均是WKF官网排名较为靠前、多次参加世界大赛的优秀女子组手运动员。（表4－72）

表 4 - 72　个案运动员基本信息

序号	姓名	级别	该级别世界排名	综合得分/分	体能综合评价结果
1	WYC	- 55kg	11	77.35	上
2	YXY	- 61kg	1	78.98	上
3	GMM	+ 61kg	7	75.82	上

注：世界排名数据来源于 WKF 官网（https://www.wkf.net）。

本研究在对每名运动员体能一级指标和三级指标进行分析时，以指标的优势值和劣势值作为评价标准。优势值和劣势值的确定借鉴了田麦久、钟添发等人的竞技能力结构模型理论，即优势值 = 平均值 + 标准差，劣势值 = 平均值 - 标准差。（表4 - 73）

表 4 - 73　优秀运动员体能一级指标和三级指标优势值和劣势值

级别	评价指标	优势值	劣势值
三级指标	克托莱指数	8.26	4.04
	上肢长	7.60	3.80
	体脂百分比	4.30	2.18
	相对最大无氧功率	10.61	5.26
	相对最大摄氧量	6.15	3.00
	血尿素	5.79	2.55
	20s 拳拳组合	12.23	5.53
	10s 高抬腿 + 左右冲拳	10.05	5.28
	立定跳远	8.95	4.54
	30s 迎击强度靶	8.66	3.78
一级指标	身体形态	17.85	12.33
	生理机能	20.10	13.26
	运动素质	36.49	22.53

如图 4 - 15 所示，我国优秀女子空手道组手运动员 WYC 在身体形态和运动素质指标上的得分接近或者高于优势值，说明 WYC 在身体形态和运动素质方面具备较好的基础。但是 WYC 在生理机能指标上的得分略低于优势值，说明 WYC 在生理机能方面仍存在一定的提升空间。

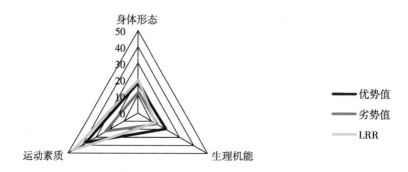

图4-15　WYC体能一级指标个体化分析雷达图

为了更加明确WYC在具体三级指标中的强弱情况，本研究绘制了个体化体能三级指标强弱分析的雷达图，如图4-16所示。通过雷达图可以看到，WYC在体脂百分比、克托莱指数、立定跳远、30s迎击强度靶、10s高抬腿＋左右冲拳、20s拳拳组合指标上的得分都接近或者高于优势值，说明WYC在身体形态和运动素质方面较为突出，虽然其上肢长结果并不理想，但是体脂百分比和克托莱指数这2项指标弥补了该运动员在上肢长方面的不足。然而，WYC在相对最大无氧功率、血尿素这2项指标上表现不理想，说明该运动员在无氧代谢能力、机体恢复能力以及抵抗大强度训练能力上还有待提高。在今后的训练中，建议教练员加强该运动员无氧代谢能力，尤其是磷酸原供能能力的训练，并且注意训练后的营养补充与身体的恢复。

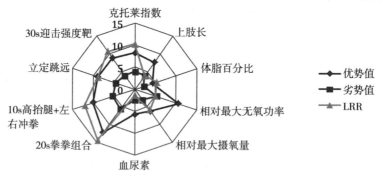

图4-16　WYC体能三级指标个体化分析雷达图

如图4-17所示，我国优秀女子空手道组手运动员YXY在身体形态、生理机能和运动素质指标上的得分均接近或者高于优势值，说明该运动员体能发展水平比较理想，且各项一级指标相对比较均衡，无明显薄弱的环节。

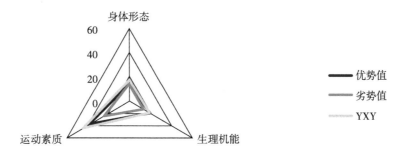

图 4 - 17　YXY 体能一级指标个体化分析雷达图

如图 4 - 18 所示，YXY 在其体能三级指标个体化分析雷达图中，多项指标的得分接近或者高于优势值，仅克托莱指数和血尿素 2 项指标的得分稍低，说明该运动员在快速力量、灵敏协调、爆发力、耐力、有氧和无氧代谢能力上具备出色的发展水平，仅在身体充实程度和机体恢复能力上略显欠缺，体能整体水平发展较为均衡。

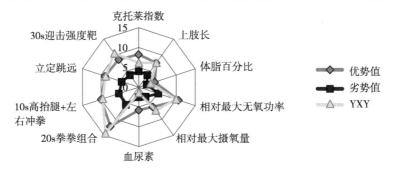

图 4 - 18　YXY 体能三级指标个体化分析雷达图

如图 4 - 19 所示，GMM 在身体形态和生理机能指标上取得较好的发展，但是在运动素质指标上仍存在一定的提升空间。

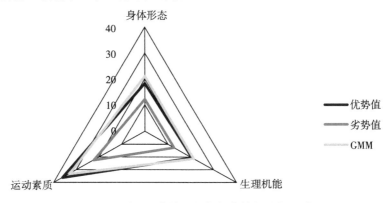

图 4 - 19　GMM 体能一级指标个体化分析雷达图

如图 4 - 20 所示，从 GMM 体能三级指标个体化分析雷达图中可见，GMM 在克托莱指数、上肢长、体脂百分比以及相对最大无氧功率、相对最大摄氧量、血尿素指标上的得分与优势值较为接近，说明了 GMM 在身体形态和生理机能方面具有较好的发展水平。但是 GMM 在 20s 拳拳组合、10s 高抬腿 + 左右冲拳、立定跳远 3 项指标上的得分与优势值之间存在一定的差距，而这 3 项指标均是权重较高、对专项能力贡献率较大的指标，与组手专项能力密切相关。因此，在今后的训练中，教练员应该加强 GMM 快速力量、爆发力和灵敏协调能力的训练，提高其专项运动素质的水平。

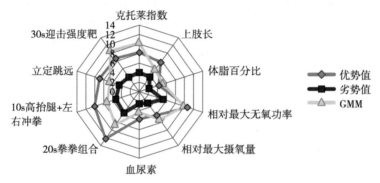

图 4 - 20　GMM 体能三级指标个体化分析雷达图

4.4.3　小结

本研究通过对我国优秀女子空手道组手运动员体能存在的问题进行分析发现，综合成绩达到中上及以上的 12 名运动员在灵敏协调能力、快速力量、耐力以及体脂百分比上发展较好，在无氧、有氧代谢能力上相对较弱，在这方面仍然需要进一步提高。另外，需要注重选拔具有出色身体形态的苗子运动员。从上述 3 名运动员体能个体发展水平来看，每名运动员在一级指标和三级指标上均存在不同程度的优势和劣势，个体差异较为明显，应根据不同情况采取相应的改进策略。

5 结论与建议

5.1 结论

空手道组手运动员体能是指空手道组手运动员在进行组手运动时承受负荷与适应环境的能力，是空手道组手运动员身体形态、生理机能和运动素质各方面专项化的综合体现，是明显不同于其他项目、影响空手道组手运动员竞技能力及运动成绩的关键部分。

我国优秀女子空手道组手运动员身体形态主要表现为上肢长、肩宽、上臂紧张围大、体脂百分比低、瘦体重大等特征，且随着体重级别的上升，瘦体重指数增大；生理机能表现为无氧和有氧代谢能力强、激素水平高、机体恢复能力强；运动素质表现为快速力量、灵敏协调能力和耐力突出，同时具有较好的启动速度和制动能力，但是，随着体重级别的上升，灵敏协调能力和耐力递减。

本研究构建了我国优秀女子空手道组手运动员体能评价体系，结构上包括评价指标、指标权重和评价标准三部分。评价指标包括身体形态、生理机能和运动素质在内的 3 项一级指标、10 项二级指标和 10 项三级指标，其中运动素质所占权重最大，其次为生理机能和身体形态。

本研究所构建的体能评价体系能够反映出优秀女子空手道组手运动员在体能发展水平上存在的共性特征和问题；同时，本研究构建的体能评价体系可以为个体运动员在体能发展水平上存在的优势和劣势提供具体的诊断分析。

5.2 建议

空手道组手项目成为东京奥运会正式比赛项目后，逐渐受到越来越多体育科研人员的关注。本研究在前人的研究基础之上，结合空手道组手项目特征，对该项目体能特征进行了深入的分析与讨论，构建了我国优秀女子空手道组手运动员体能评价体系，并取得了一定的研究成果。但是竞技体育本身具有的复杂性与偶然性，以及目前对项目特征认识的局限性，使得本研究在细节上仍存在一定的不足与需要改进之处，建议今后从以下几个方面进行完善与补充：

（1）随着空手道组手项目的不断开展，运动员整体竞技能力和体能发展水平也在不断变化与提高。我国优秀女子空手道组手运动员体能评价体系是一定时间和空间内某个发展阶段的产物，建议今后根据该项目竞赛规则的改变以及运动员水平的提高而不断地修正和完善评价体系的内容和标准，以适应该项目的发展需要。

（2）本研究是在优秀运动员测试结果基础之上构建的体能评价体系，由于优秀运动员属于少数群体，样本数量有限且存在个体差异，个别数据难免存在一定的偶然性等问题，进而影响评价标准的普遍性，因此，建议在后续研究中不断扩充优秀运动员样本数量，优化评价指标，进一步改进与完善评价标准。

（3）空手道组手比赛是一项按照体重级别划分进行比赛的项目，女子组手比赛划分为3个级别。受经费、时间、精力和实验设备等客观条件的限制，不同级别的运动员均采用了同样的测试指标。因此，建议在后续研究中深入地探究不同级别的运动员在身体形态、生理机能和运动素质方面的特点与差异性，根据不同级别构建出不同的体能评价体系，为不同级别运动员提供更加具体的理论指导。

参考文献

［1］体育词典编辑委员会．体育词典［M］．上海：上海辞书出版社，1984．

［2］蔡广，沈勋章，许汪宇，等．不同项目运动员身体成分与机能的关系［J］．体育学刊，2010，17（1）：96－100．

［3］曹景伟．面向2008年奥运会我国优秀皮划艇（静水）运动员科学选材的理论与实证研究［D］．北京：北京体育大学，2004．

［4］曾照云，程晓康．德尔菲法应用研究中存在的问题分析——基于38种CSSCI（2014—2015）来源期刊［J］．图书情报工作，2016，60（16）：116－120．

［5］陈翀．我国U17男子足球运动员体能评价指标体系的构建和标准的建立［D］．北京：北京体育大学，2016．

［6］陈小平．竞技运动训练实践发展的理论思考［M］．北京：北京体育大学出版社，2008．

［7］陈小平．论专项特征——当前我国运动训练存在的主要问题及对策［J］．体育科学，2007，27（2）：72－78．

［8］陈小平．有氧训练——提高我国耐力项目运动水平的关键［J］．体育科学，2004，24（11）：45－50．

［9］陈新富．空手道组手比赛中迎击技战术运用状况的调查研究——2012年全国大学生空手道锦标赛男子组手A组比赛［J］．搏击（武术科学），2013，10（11）：67－69．

［10］丁传伟．空手道［M］．北京：北京体育大学出版社，2017．

［11］范秦海，周越，张绍岩．"肌肉弹性力量训练法"对男子跳高运动员专项成绩的影响［J］．中国体育科技，2001，37（2）：20－21．

［12］冯连世，冯美云，冯炜权．优秀运动员身体机能评定方法［M］．北京：人民体育出版社，2003．

［13］冯连世．优秀运动员身体机能评定的方法及存在问题［J］．体育科研，2003，24（3）：49－54．

［14］高炳宏，韩恩力，曹佩江．中国优秀男子柔道运动员身体成分特征及与无氧代谢能力关系的研究［J］．天津体育学院学报，2006，21（3）：220 - 224.

［15］高炳宏，赵光圣，郭玉成，等．优秀武术散打运动员有氧代谢能力特征研究［J］．体育科学，2005，25（12）：32 - 36.

［16］马俊，张霈，杨丽然，等．不同项目运动员身体成分特征［J］．北京体育大学学报，2011，34（6）：125 - 127.

［17］高玉花，张红松．论竞赛规则对比赛节奏的影响［J］．沈阳体育学院学报，2012，31（3）：112 - 115.

［18］苟波，李之俊，高炳宏，等．"体能"概念辨析［J］．体育科研，2008，29（2）：47 - 52.

［19］郭建平．空手道教学与训练［M］．长沙：湖南师范大学出版社，2012.

［20］韩春远，王卫星．运动员体能概念之辨析［J］．中国学校体育（高等教育），2014，1（6）：54 - 58.

［21］韩夫苓．我国优秀女子自由式摔跤运动员专项体能评价与诊断研究［D］．上海：上海体育学院，2010.

［22］何钢，张战毅．我国优秀女子柔道运动员体能特征的研究［J］．西安体育学院学报，2015，32（1）：116 - 123.

［23］何强．我国优秀女子摔跤运动员体能特征与评价体系的研究［D］．北京：北京体育大学，2010.

［24］何雪德，龚波，刘喜林．体能概念的发展演绎着新时期训练思维的整合［J］．南京体育学院学报（社会科学版），2005，19（1）：9 - 13.

［25］胡卫东，徐玄冲，王卫星，等．我国优秀跆拳道运动员体能训练中的几个关键点研究［J］．中国体育科技，2014，50（1）：136 - 145.

［26］黄光扬．教育测量与评价［M］．上海：华东师范大学出版社，2002.

［27］黄汉升，周登嵩．体育科研方法导论［M］．北京：北京体育大学出版社，2008.

［28］黄轲禹．我国空手道组手运动员技战术特征及对策研究［D］．长春：吉林大学，2012.

［29］金宗强．我国优秀排球运动员专项体能评价体系与诊断方法的研究［D］．北京：北京体育大学，2004.

［30］李国强，李米环，雷宗怡，等．我国优秀男子散打运动员体能模型研究

［J］．沈阳体育学院学报，2007，26（6）：119－122.

［31］黎涌明．专项运动生物学［M］．北京：科学出版社，2023.

［32］李之文．体能概念探讨［J］．解放军体育学院学报，2001，20（3）：1－3.

［33］张文彤，董伟.SPSS 统计分析高级教程［M］．2 版．北京：高等教育出版社，2013.

［34］刘宏伟．武术、空手道、跆拳道内容及形式的比较分析［J］．沈阳体育学院学报，2007，26（5）：120－122.

［35］李树玖．高攻击性倾向人群血液中 5 羟色胺、睾酮、总胆固醇及参加运动项目特征研究［D］．西安：陕西师范大学，2014.

［36］刘伟涛，顾鸿，李春洪．基于德尔菲法的专家评估方法［J］．计算机工程，2011，37（S1）：189－191.

［37］刘学毅．德尔菲法在交叉学科研究评价中的运用［J］．西南交通大学学报（社会科学版），2007，8（2）：21－25.

［38］马玉峰，姜传银．应用 Monark 测试系统对优秀女子散打运动员无氧功率的测试研究［J］．德州学院学报，2009，25（4）：99－102.

［39］毛爱华，赵彩红，王亚男．中国、日本女子空手道运动员进攻技术运用的比较研究［J］．中国体育科技，2015，51（3）：100－105.

［40］毛爱华．我国女子空手道组手运动员技术运用的特征分析——兼论空手道规则与武术散打规则的差异［J］．中国体育科技，2013，49（5）：112－119.

［41］庞俊鹏．我国空手道开展现状与发展战略［J］．武汉体育学院学报，2016，50（2）：59－64.

［42］彭辉，丁保玉．论空手道技术特点及发展趋势［J］．当代体育科技，2016，6（15）：151－152.

［43］祁国鹰，张路，黄凤娟，等．体育统计应用案例［M］．北京：北京体育大学出版社，2005.

［44］沈忱．第16届广州亚运会空手道女子68公斤级比赛运动员技战术特点研究［J］．青少年体育，2015（1）：103－104.

［45］沈萌芽，张会景，赵丹彤．空手道基础教程［M］．北京：北京体育大学出版社，2017.

［46］沈萌芽．对国家空手道队重点队员的技术和战术跟踪分析与研究［J］．

北京体育大学学报，2010，33（9）：105 - 109.

［47］孙强.2008 全国空手道锦标赛组手技术统计与分析［J］.安徽体育科技，2009，30（1）：31 - 32.

［48］孙强，刘健，胡义忠.空手道训练对人体无氧工作能力影响的实验研究［J］.齐鲁师范学院学报，2012，27（5）：99 - 105.

［49］孙庆祝.体育测量与评价［M］.北京：高等教育出版社，2006.

［50］赵发田，朱瑞琪，李蕾，等.我国优秀男子散打运动员体能特征的研究［J］.中国体育科技，2006，42（4）：72 - 75.

［51］钟添发，田麦久，王路德，等.运动员竞技能力模型与选材标准［M］.北京：人民体育出版社，1994.

［52］田麦久，刘大庆.运动训练学［M］.北京：人民体育出版社，2012.

［53］田麦久.运动训练学［M］.北京：人民体育出版社，2000.

［54］田文，黎涌明，沈萌芽.空手道组手运动员的氧代谢实验研究［J］.中国学校体育（高等教育），2017，4（4）：79 - 83.

［55］田野.运动生理学高级教程［M］.北京：高等教育出版社，2003.

［56］田雨普.体能及相关概念辨析［J］.解放军体育学院学报，2000，19（1）：4 - 6.

［57］王放.我国 15—17 岁优秀竞技健美操运动员体能特征及评价体系的研究［D］.郑州：郑州大学，2007.

［58］王金灿.运动选材学［M］.北京：人民体育出版社，2009.

［59］王智明，朱宏伟，王宏，等.我国优秀男子竞技健美操运动员专项体能指标的构建与评价体系［J］.首都体育学院学报，2013，25（6）：545 - 550.

［60］王瑞元，苏全生.运动生理学［M］.北京：人民体育出版社，2012.

［61］王卫星.高水平运动员体能训练的新方法［M］.北京：北京体育大学出版社，2013.

［62］王文莹.运动员血清睾酮 MAIA 和 RIA 测定方法的比较研究［D］.太原：山西大学，2012.

［63］王亚男.我国优秀女子空手道运动员体能特征研究［D］.新乡：河南师范大学，2016.

［64］吴昊，冯美云.Wingate 测试法的代谢研究［J］.北京体育大学学报，1997，20（1）：30 - 37.

［65］杨军，闫建华．我国体育评价的起源与发展［J］．体育学刊，2017，24（1）：52－57．

［66］杨孟胜．越南男子空手道运动员专项身体素质训练体系的构建［D］．北京：北京体育大学，2011．

［67］杨世勇，唐照华，李遵，等．体能训练学［M］．成都：四川科学技术出版社，2001．

［68］杨则宜，白若昀，焦颖，等．我国优秀运动员血清睾酮水平及运动对血清睾酮的作用［J］．中国运动医学杂志，1988，7（2）：70－73．

［69］裔程洪．力量训练法［M］．北京：北京体育大学出版社，2017．

［70］余竹生，沈勋章，朱学雷．运动员科学选材［M］．上海：上海中医药大学出版社，2006．

［71］袁尽州，黄海．体育测量与评价［M］．北京：人民体育出版社，2012．

［72］袁运平．运动员体能与专项体能特征的研究［J］．体育科学，2004，24（9）：48－52．

［73］张辉．拳击运动员竞技能力网络结构特征的实证研究［D］．北京：北京体育大学，2016．

［74］张力为．体育科学研究方法［M］．北京：高等教育出版社，2002．

［75］张楠，刘卫军，段传勇，等．东京奥运会新增项目空手道运动生物学特征研究进展［J］．中国体育科技，2021，57（7）：17－24．

［76］张楠，刘卫军，张然．我国优秀女子空手道组手运动员体能评价标准构建研究［J］．河北体育学院学报，2021，35（3）：55－62．

［77］张楠，刘卫军．第20－23届世界空手道锦标赛奖牌分布特征及启示［J］．体育文化导刊，2017（8）：82－86．

［78］张楠，张然，刘卫军．我国空手道竞技实力分析与提升策略［J］．体育文化导刊，2021（5）：67－71．

［79］张楠．我国优秀女子空手道组手运动员体能特征及评价体系构建的研究［D］．北京：北京体育大学，2018．

［80］张楠，刘卫军．世界优秀空手道运动员专项体能特征研究［J］．体育科学研究，2020，24（2）：44－53．

［81］张然，张楠．世界级空手道运动员竞技表现对比赛胜负影响的实证研究——以东京奥运会为例［J］．河北体育学院学报，2023，37（1）：78－86．

[82] TABBEN M, SIOUD R, HADDAD M, et al. Physiological and perceived exertion responses during international karate kumite competition [J]. Asian journal of sports medicine, 2013, 4 (4): 263 - 271.

[83] ZUPAN M F, ARATA A W, DAWSON L H, et al. Wingate anaerobic test peak power and anaerobic capacity classifications for men and women intercollegiate athletes [J]. Journal of Strength and Conditioning Research, 2009, 23 (9): 2598 - 2604.

[84] BLAZEVIC S, KATIC R, POPOVIC D. The effect of motor abilities on karate performance [J]. Collegium Antropologicum, 2006, 30 (2): 327 - 333.

[85] BRIDGE C A, DA SILVA SANTOS J F, CHAABENE H, et al. Physical and physiological profiles of taekwondo athletes [J]. Sports Medicine (Auckland, N. Z.), 2014, 44 (6): 713 - 733.

[86] CHAABENE H, NEGRA Y, CAPRANICA L, et al. A needs analysis of karate kumite with recommendations for performance testing and training [J]. Strength and Conditioning Journal, 2019, 41 (3): 35 - 46.

[87] CHAABENE H, FRANCHINI E, STERKOWICZ S, et al. Physiological responses to karate specific activities [J]. Science & Sports, 2015, 30 (4): 179 - 187.

[88] CHAABENE H, HACHANA Y, FRANCHINI E, et al. Physical and physiological profile of elite karate athletes [J]. Sports Medicine (Auckland, N. Z.), 2012, 42 (10): 829 - 843.

[89] CHAABENE H, MKAOUER B, FRANCHINI E, et al. Physiological responses and performance analysis difference between official and simulated karate combat conditions [J]. Asian journal of sports medicine, 2014, 5 (1): 21 - 29.

[90] FONTANI G, LODI L, FELICI A, et al. Attention in athletes of high and low experience engaged in different open skill sports [J]. Perceptual and Motor Skills, 2006, 102 (3): 791 - 805.

[91] GIAMPIETRO M, PUJIA A, BERTINI I. Anthropometric features and body composition of young athletes practicing karate at a high and medium competitive level [J]. Acta Diabetologica, 2003, 40 (1): s145 - s148.

[92] IMAMURA H, YOSHIMURA Y, NISHIMURA S, et al. Oxygen uptake, heart rate, and blood lactate responses during 1,000 punches and 1,000 kicks in female collegiate karate practitioners [J]. Journal of physiological anthropology and applied human sci-

ence, 2003, 22 (2): 111 - 114.

[93] LOTURCO I, NAKAMURA F Y, LOPES - SILVA J P, et al. Physical and physiological traits of a double world karate champion and responses to a simulated kumite bout: a case study [J]. International Journal of Sports Science & Coaching, 2017, 12 (1): 138 - 147.

[94] MILANEZ V F, LIMA M C S, GOBATTO C A, et al. Correlates of session - rate of perceived exertion (RPE) in a karate training session [J]. Science & Sports, 2010, 26 (1): 38 - 43.

[95] MORI S, OHTANI Y, IMANAKA K. Reaction times and anticipatory skills of karate athletes [J]. Human Movement Science, 2002, 21 (2): 213 - 230.

[96] MOSCATELLI F, MESSINA G, VALENZANO A, et al. Differences in cortico-spinal system activity and reaction response between karate athletes and non - athletes [J]. Neurological Sciences, 2016, 37 (12): 1947 - 1953.

[97] NETO O P, PACHECO M T T, BOLANDER R, et al. Force, reaction time, and precision of Kung Fu strikes [J]. Perceptual and Motor Skills, 2009, 109 (1): 295 - 303.

[98] PROBST M M, FLETCHER R, SEELIG D S. A comparison of lower - body flexibility, strength, and knee stability between karate athletes and active controls. [J]. Journal of Strength and Conditioning Research, 2007, 21 (2): 451 - 455.

[99] RAVIER G, DUGUE B, GRAPPE F, et al. Maximal accumulated oxygen deficit and blood responses of ammonia, lactate and pH after anaerobic test: a comparison between international and national elite karate athletes [J]. International journal of sports medicine, 2006, 27 (10): 810 - 817.

[100] TABBEN M, CHAABENE H, FRANCHINI E, et al. The influence of karate practice level and sex on physiological and perceptual responses in three modern karate training modalities [J]. Biology of Sport, 2014, 31 (3): 201 - 207.

[101] TABBEN M, COQUART J, CHAABENE H, et al. Time - motion, tactical and technical analysis in top - level karatekas according to gender, match outcome and weight categories [J]. Journal of sports sciences, 2015, 33 (8): 841 - 849.